Eva Karl Faltermeier

Der Grant der Frau

Geschichten einer unterschätzten Emotion

EVA KARL FALTERMEIER

DER GRANT DER FRAU

Geschichten einer
unterschätzten Emotion

Bibliografische Information der Deutschen Nationalbibliothek

Die Deutsche Nationalbibliothek verzeichnet diese Publikation in der Deutschen Nationalbibliografie; detaillierte bibliografische Daten sind im Internet über http://dnb.dnb.de abrufbar.
ISBN 978-3-95587-784-2

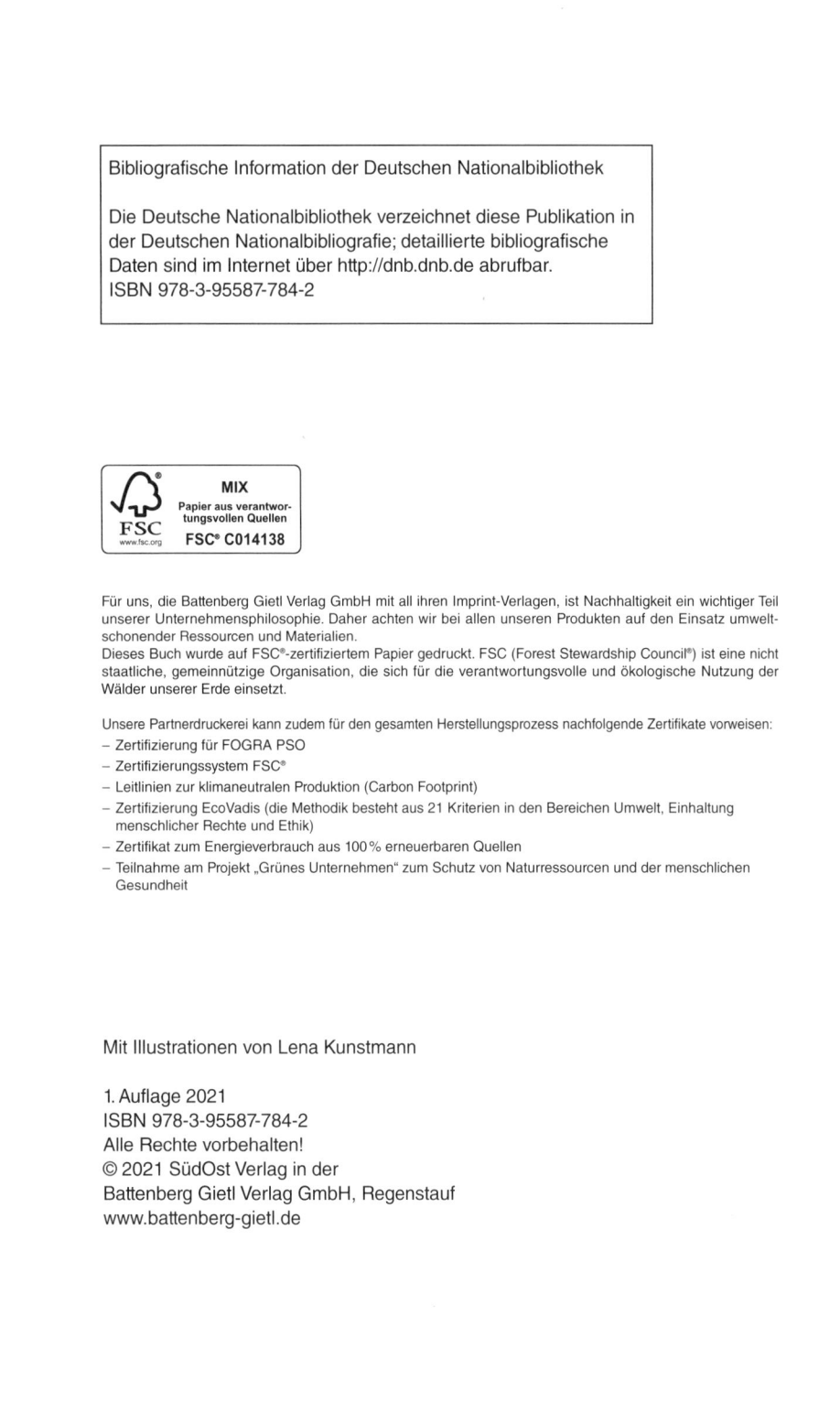

Für uns, die Battenberg Gietl Verlag GmbH mit all ihren Imprint-Verlagen, ist Nachhaltigkeit ein wichtiger Teil unserer Unternehmensphilosophie. Daher achten wir bei allen unseren Produkten auf den Einsatz umwelt-schonender Ressourcen und Materialien.
Dieses Buch wurde auf FSC®-zertifiziertem Papier gedruckt. FSC (Forest Stewardship Council®) ist eine nicht staatliche, gemeinnützige Organisation, die sich für die verantwortungsvolle und ökologische Nutzung der Wälder unserer Erde einsetzt.

Unsere Partnerdruckerei kann zudem für den gesamten Herstellungsprozess nachfolgende Zertifikate vorweisen:
– Zertifizierung für FOGRA PSO
– Zertifizierungssystem FSC®
– Leitlinien zur klimaneutralen Produktion (Carbon Footprint)
– Zertifizierung EcoVadis (die Methodik besteht aus 21 Kriterien in den Bereichen Umwelt, Einhaltung menschlicher Rechte und Ethik)
– Zertifikat zum Energieverbrauch aus 100 % erneuerbaren Quellen
– Teilnahme am Projekt „Grünes Unternehmen" zum Schutz von Naturressourcen und der menschlichen Gesundheit

Mit Illustrationen von Lena Kunstmann

1. Auflage 2021
ISBN 978-3-95587-784-2
Alle Rechte vorbehalten!
© 2021 SüdOst Verlag in der
Battenberg Gietl Verlag GmbH, Regenstauf
www.battenberg-gietl.de

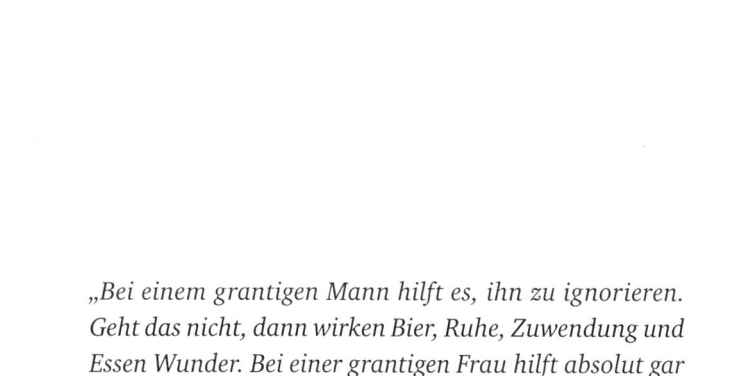

„Bei einem grantigen Mann hilft es, ihn zu ignorieren. Geht das nicht, dann wirken Bier, Ruhe, Zuwendung und Essen Wunder. Bei einer grantigen Frau hilft absolut gar nichts – außer echtes Verständnis."

Für meine Kinder, meine Mama Anna, meine Omas Anna und Mathilde und meine Uroma Magdalena und für alle, die im sozialen Leben das Gefühl haben, dass sie häufig stören. Ihr tut es nicht.

Inhalt

Vorwort

Der Grant der Frau, welch wunderbares Thema! Und niemand kann es wohl besser beleuchten als die Personifikation des weiblichen Grants herself, Eva Karl Faltermeier. Was hab ich diese Frau schon grantig erlebt!

Der Grant kommt per se daher in den schillerndsten Farben und Abstufungen. Er kann laut polternd sein wie ein kaputter Mähdrescher, aber sich auch wie eine zarte Junghexe heimlich und geräuschlos heranschleichen. Ein Grant kann sich von jetzt auf gleich entladen, ist laut, aber oft von eher harmloser Natur.

Gefährlicher ist der sich nicht entladende, zurückgehaltene Grant, der kann vierzig Jahre dahinschwelen und plötzlich wirft sie ihm den Fön ins Zitronen-Zimt-Badewasser. Vielleicht, weil er sie übel hintergangen hat. Vielleicht aber auch einfach nur, weil sie es noch nie leiden konnte, wie er den Geschirrspüler einräumt. So genau weiß man das nie! Drum: Unterschätzen Sie niemals grantige Frauen!

Es gibt genügend Frauen, die es völlig zurecht leid sind, nicht ernst genommen zu werden in dieser Welt voller milde lächelnder Anzugträger. Frauen, die keine Lust darauf haben, als Beiwerk wahrgenommen zu werden, immer wieder reduziert auf die gute Haut, die Mutterrolle oder das schöne Dekolleté.

Frauen, die erkannt haben, welche Macht sie haben, wenn sie nur mutig sind. Wo wären wir denn heute ohne eine Marie Curie, Erin Brokovich oder Rosa Parks? Ja, ohne den weiblichen Grant, was wäre denn geworden aus der schwarzen Bürgerrechtsbewegung, dem Frauenwahlrecht oder den Gorillas im Nebel? Da würden wir alle ganz schön alt ausschauen, das sage ich Ihnen. Drum freuen Sie sich, wenn Sie nächstes Mal Zeuge werden von einem weiblichen Grant.

Vielleicht ist es der Beginn von etwas ganz Großem. Erst kürzlich habe ich eine Dame gehört, die in einem Straßencafé zu ihrer Freundin sagte: „Also mich wundert's ned, dass so viele schöne Männer rumlaufen. Des Glump haben ja mir zamgheirat."

Franziska Wanninger (*1982) *ist eine bayerische Kabarettistin, Schauspielerin, Autorin und Podcasterin. Gemeinsam mit ihrer Kollegin Claudia Pichler hat sie den Podcast „Ladies first", dessen Fokus es ist, Kabarettistinnen und Comediennes mehr Sichtbarkeit zu geben.*

Eine zarte Einführung
in den weiblichen Grant

Seien wir doch einmal kurz ehrlich. Jeden Abend sind wir Menschen müde und legen uns schlafen. An diesem Fakt alleine erkennt man bereits, wie ermüdend das Dasein als solches ist. Und nach einem – in meinem Fall immer zu kurzen – Nachtschlaf sollen wir dann tatsächlich erfrischt und gestärkt den neuen Tag beginnen. Der uns dann nach und nach wieder ermüden wird. Seelisch, körperlich und geistig.

Und da soll man nicht grantig werden. Thomas Grasberger hat ihn in seinem Buch „Grant – der Blues des Südens" bereits sehr gut und ausreichend beschrieben, den Grant. Als solchen. Daher lege ich allen, die sich in diesem Buch eine eingehende theoretische Analyse des Grants erhoffen, zunächst einmal die Lektüre des Grasberger-Werkes nahe. Denn es ist grandios.

Dieses Buch möchte keine genaue Analyse sein, es gibt keine größeren regionalen Unterschiede, die herausgearbeitet werden, und dieses Buch ist auch auf keinen Fall das grantigste der Welt. Es möchte keine scharfzüngige feministische Abhandlung sein, keine männermordende Seitenansammlung und keine Legitimation für schlechtes Verhalten.

In kleinen Geschichten, Kolumnen und Episoden nähert sich dieses Buch vielmehr einem Gefühl an, das wir alle bewusst oder unbewusst kennen. Gerade, wenn wir in Bayern oder Österreich aufgewachsen sind. Diesen allumfassenden Gemütszustand, diese hochrespektierte, aber dennoch zutiefst unterschätzte Emotion: Der Grant. Und zwar der weibliche.

Ich weiß, diese Unterscheidungen zwischen männlich und weiblich sind müßig und werden zur Genüge von Comedians aus Berlin bedient. Ich will hier auch gar keine Vorurteile und Stereotypen aufbauen. Ganz im Gegenteil. Ich möchte diese abbauen, hinterfragen und vielleicht sogar nur beschreiben.

Trotzdem werde ich in den folgenden Kapiteln hauptsächlich weibliche Lebensläufe, Geschichten und Nervenzusammenbrüche skizzieren. Nicht, weil ich Männer nicht mag, sondern weil ich ja selbst eine Frau bin und damit quasi eine Betroffene. Es ist grundsätzlich im Leben auch ratsam, immer aus dem eigenen Horizont her und von sich zu berichten, weil man mit den Schilderungen zum Leben anderer Menschen oft grob falsch liegt. Und in dem Fall dann zu Recht als Tratscherin gilt.

Wie so oft werde ich sicher auch im Zusammenhang mit diesem Buch gefragt werden, was denn davon wirklich passiert sei, welche Personen es denn in Wirklichkeit gäbe und ob die – fast immer aus der Ich-Person erzählten – Episoden denn tatsächlich ausschließlich mir zuzuordnen seien. Hier möchte ich – wie auch im Hinblick auf mein Kabarettprogramm – sagen: Wenn Sie glauben wollen, dass mir das alles so passiert ist, dann sind Sie dazu herzlich eingeladen. Wer sich angesprochen fühlen möchte, darf das wirklich sehr gerne sein, und wer denkt, dass das alles erstunken und erlogen ist, der oder die hat aber genauso recht. Und das ist übrigens auch der Grund, warum die Ich-Erzählerin in den kleinen Geschichten dieses Buches manchmal verheiratet ist, manchmal geschieden, warum sie hier als Grundschullehrerin arbeitet und dort bei der Stadt Regensburg oder als Kabarettistin, wie ich also, so ein Zufall. Und Obacht: Nur, weil die Figur gerade als geschiedene Kabarettistin unterwegs ist, ist die Geschichte nicht mehr wahr.

Das ist ja das Praktische an der Literatur. Es ist alles möglich. Und irgendwann sitzt vielleicht irgendjemand an einem Schreibtisch und muss sich für eine Hausarbeit überlegen, was denn nun hier echt sei und was nicht. Das nennt man dann Germanistikstudium und das ist mit das Sinnloseste, was man mit seinem Leben anfangen kann. Ich weiß das. Ich habe das studiert. Wenn man, anstatt Textanalysen zu machen, Bäume pflanzen würde, dann wäre viel gewonnen auf der Welt.

Textanalysen sind so glaubwürdig wie Kirmes-Wahrsagerinnen. Zu meinem Programm sage ich den Leuten sehr oft, dass genau das, was man immer als echt annimmt, oft komplett erlogen ist. Und das, was man für vollkommen übertrieben hält, ist wirklich passiert. Wie oft sagte mir meine zauberhafte Regisseurin, die Autorin des Vorwortes dieses Buches, Franziska Wanninger: „Das glaubt dir nie jemand!" „Aber, das ist doch echt passiert!" „Ja, aber es ist total unglaubwürdig!"

Der Luxus einer Autorin und Kabarettistin ist es, dass man sich Zwischenrealitäten einziehen kann, die ungefähr der Glaubwürdigkeit der Telegram-Gruppe eines Schlagersängers entsprechen, die aber tragfähig sind für alles, was darauf transportiert werden soll. Allem voran die Botschaft des Textes.

Glauben Sie also, was Sie wollen, und seien Sie um Gottes Willen glücklich. Immerhin leben wir in absolut verrückten Zeiten und dieses Buch könnte das letzte Buch sein, das Sie lesen.

Klingt nach Schwarzmalen, aber man weiß es halt einfach nicht.

Doch zurück zum Grant.

Ich habe dieses Buch geschrieben, weil ich es satthabe, dass der männliche Grant gerne verniedlicht wird, als gemütlich empfunden und gefeiert. Frauen hingegen haben, wenn sie grantig sind, sofort Haare auf den Zähnen, sind „recht Zintige[1]" oder einfach zu Recht Alleinstehende. Einem grantigen Mann darf eine Frau beispielsweise lebenslang die Wäsche waschen, eine grantige Frau hingegen kann alles für ihre Familie tun, ist aber wegen ihres Grants dann zu Recht geschieden. Weil man es mit ihr anscheinend nicht aushält. Weil sie ihre Meinung kundtut. Das ist schlicht misogyn. Und blöd und gehört aufgebrochen. Ich wünsche mir, dass wir durch dieses Buch den

---

1 Zintig bedeutet explosiv.

weiblichen Grant hinterfragen, schätzen und zu jeder Zeit als begründet betrachten.

Denn der weibliche Grant ist auch immer begründet. Während der männliche Grant sehr akut ist, bedarf der weibliche Grant – wie wir in Folge sehen werden – etwas längerer Herleitungen. So plötzlich er für die Betrachterin auch kommen mag, der weibliche Grant basiert meist auf einer längeren Geschichte, die auf den ersten Blick nicht sofort fassbar ist. Hin und wieder lassen sich auch Faustregeln ableiten, wie die, dass man Frauen während PMS, Heißhunger und Migräne am besten in Ruhe lässt. Und auch die, dass man sich grundsätzlich nicht ungefragt in das Leben von Frauen einmischen sollte, aber das werden Sie, wenn Sie das Buch fertiggelesen haben, eh nicht mehr machen. Alleine deswegen, weil Sie danach vermutlich selbst etwas Ruhe brauchen werden.

Natürlich gibt es auch sehr akuten Grant, der wird aber besser verstanden. Mit 15 hat mir einmal auf einem Dorffest ein Bekannter im Alter meines Vaters an den Hintern gefasst. Ich habe mich vor allen Anwesenden umgedreht und ihm – was wegen des Alters eine Überwindung war – eine schallende Ohrfeige verpasst. Der Geschlagene meinte nur: „Ja, das habe ich verdient. Hast recht!" Und mein Vater rief aus einem Eck des Biergartens: „Bravo! Des is mei Tochter!" Danach gab es Applaus von allen. Bei weniger akuten Geschichten sind der Grant und seine Begründung subtiler. Und es wird nicht gleich verstanden und applaudiert. Hier will ich helfen.

In Folge lesen Sie also kleine Herführungs-, Erklär- und Huldigungsgeschichten des weiblichen Grants. Immer geschrieben aus der Perspektive verschiedenster grantiger Frauen in den unterschiedlichsten Lebenssituationen und immer bin diese Frauen ich. Ähnlichkeiten mit meinem Leben sind dabei grob fahrlässig und natürlich absolut zufällig. Eine Tatsache, die einmal ein Kritiker bei einer Lesung, die ich veranstaltet habe, nicht kapiert hat. Er verwechselte ständig meine Person mit der Protagonistin des Stückes und schrieb einen derartig bodenlos grausamen Verriss, der mir vor allem eine Sache bewies: Viele Uni-Dozenten, die für die Zeitung schreiben, sind in Wirklichkeit zutiefst unglückliche Menschen, die dringendst jemanden brauchen, der sie einfach so umarmt. Bis der innere Widerstand aufhört. Und man vielleicht auch damit abschließt, andere Menschen höhnisch durch den Dreck zu ziehen.

Vielleicht täusche ich mich da aber auch. Das kann schon sein.

Fakt war, die Kritik hat mich dermaßen rasend gemacht, dass ich monatelang vor Grant fast umgekommen wäre. Es war ein absolut übermannendes Gefühl, so missverstanden zu werden. Niemals werde ich die milden und leicht spöttischen Augen und Kommentare vieler Mitmenschen vergessen, die mir gesagt haben, dass das eben passiert, wenn man auf die Bühne geht. Und niemals die paar Freundinnen, die mit mir den Kritiker leidenschaftlich mitgehasst haben, weil sie bei der Lesung waren und wussten: Das war nicht schlecht. Diese Freundinnen haben auch gesehen, dass der Kritiker von Impro-Schauspielerinnen vor der Lesung nach einem Passwort gefragt wurde, das es nicht gab. Leider kam man ohne dieses Passwort nicht in die Veranstaltung. Ich hatte mit dieser Einlage nichts zu tun, aber ich durfte es dann ausbaden, dass der Kritiker eine halbe Stunde bei minus fünf Grad im Januar auf seinen Einlass wartete. Und natürlich, dass er Protagonistin nicht von Autorin unterscheiden konnte, wie gesagt.

In meinem monatelangen Grant nach diesem Ereignis – und ich bemerke gerade beim Schreiben dieser Zeilen, dass mein Blut alleine beim Erinnern schon wieder in Wallung gerät – habe ich beschlossen, in Zukunft solche Vollpfosten wie diesen Kritiker dermaßen von der Bühne her wegzuhauen, dass die nie wieder so einen unmöglichen Krampf schreiben konnten. Mir war zwar klar: Ich war selbst Journalistin, und Journalistinnen werden beim Versuch etwas Künstlerisches zu machen gerne von den Berufskolleginnen zerrissen, aber trotzdem. Und außerdem hatte ich damals in meiner Ausbildung noch gelernt: Mit dem Florett, nicht mit dem Degen schreibt man eine Kritik. Wer das anders handhabt, der oder die hat meistens selbst den ein oder anderen Anlass für eine langjährige Therapie im eigenen Leben. Oder hat einfach keine journalistische Ausbildung.

Kritikerinnen dieses Buches sei gesagt: Ich kann sehr ausgiebig hassen, werde niemals vergessen und man sieht sich immer zweimal im Leben. Aber diese Sätze habe ich jetzt ganz zufällig aneinandergereiht. Versucht doch einfach mal in meiner Lebenssituation ein besseres Buch zu schreiben, ist doch wahr. Wenn mein Ex-Mann die Kinder nicht genommen hätte, während ich dieses Vorwort schreibe, hätte ich sie am Rasthof Pentling aussetzen müssen. Und was da wieder los gewesen wäre … Kann man das Jugendamt des Landkreises Regensburg fragen. Die kennen sich da aus.

Zurück zum Grant.

Natürlich bin ich als geborene Bayerin dem Grant bereits in den ersten Stunden meines Lebens begegnet. Das kann ich jetzt nicht einfach so sagen, weil ich das noch wüsste, sondern, weil das in Bayern einfach so ist. So wie Berliner Taxifahrer oft den Fahrgast mehr beleidigen als befördern, so sind Bayerinnen so häufig grantig, dass der Erstkontakt einfach gleich nach der Geburt passiert sein muss. Außerdem hatte ich nach der Geburt meiner Tochter auch Erfahrungen mit den Kinderschwestern in der Geburtsklinik in Regensburg. Ich weiß noch, wie mich eine dieser Damen total entnervt um drei Uhr morgens angeschrien hat, als ich nach 29 Stunden Wehen und einem ganzen Tag voller Besuch und Trubel meine Tochter an meine wunden Brustwarzen anlegen musste und geweint hab. „Etz stellns Eana halt ned so o in Gottes Nam!" Als ich die Geschichte am nächsten Tag meiner Mama erzählte, meinte die nur lakonisch: „Ah, war die älter? De klingt wia de, de die damals bei dir scho ghabt ham!" Egal ob es die gleiche Kinderschwester war oder nicht – ich vermute einfach, dass ich dort den Grant kennengelernt habe. In meiner Geburtsklinik.

Wobei man jetzt nicht denken darf, dass der Grant eine Wut ist oder ein schlechter Charakter. Einen Grant kann jeder haben und meistens löst er sich auf. Die Kinderschwester war zum Beispiel in den nächsten Tagen sehr nett zu mir und daher habe ich einfach geschlussfolgert, dass ich mit meinem Schlafdefizit, meiner Neugeborenen und meinen wunden Brustwarzen halt ganz ungeschickt in eine grantige Phase bei ihr reingestolpert bin. Sicher mein Fehler. Nix für ungut.

Dass der weibliche Grant anders ist als der männliche, der ja meistens schon in der Früh beginnt oder auch ein Charakterzug sein kann, habe ich auch öfter im Leben festgestellt. Vor allem, als ich langsam begann, flügge zu werden. Als der Grunge-Schmetterling, der ich war, Ende der 90er.

Als ich so 19 Jahre alt war, habe ich angefangen, im Regensburger Stadttheater an der Garderobe zu arbeiten – „Einlassdienst" hieß das. Dort begegneten mir echte Regensburgerinnen allen Alters. Manche lebten schon seit Generationen in der Englburgergasse, im Weißgerbergraben oder halt irgendwo da um den Arnulfsplatz herum. An diesem Theater habe ich gelernt, was Grandezza im Grant ist. Ich habe erfahren, was eine grantige Regensburgerin ausmacht. Und ich konnte beobachten, wie man auf unfassbar freundliche Weise jemanden nicht mehr ins Theater lassen konnte. Diese „Einlassdamen", wie sie sich selbst nannten, waren allesamt zur Arbeit so gekleidet, dass sie locker auf einen Stehempfang hätten gehen können. Lange Fingernägel, Glitzer und spannende Frisuren waren quasi Usus. Ich bin damals etwas abgefallen, wie ich mit meinen Dreadlocks und den uralten Cordhosen hinter dem Tresen der Garderobe gesessen bin und irgendwelche Deutschlektüren gelesen habe. Die Buddenbrooks habe ich beispielsweise nach 250 Seiten in den Papierkorb just dieser Garderobe geworfen. Genau wie die Blechtrommel. Die aber schon nach 53 Seiten und wesentlich wütender. Und wenn ich dann wieder komplett unmotiviert war, dann habe ich mich mit Frau Schuster und den anderen „kurz" unterhalten. Also zwei Halbzeiten lang und davor und danach auch noch. Kurz halt. Ich habe gelernt, dass echte Regensburgerinnen mit einem starken oberösterreichischen Einschlag sprechen, sehr direkt sind, und dich im Grant zunächst 50-mal einseifen, bevor sie dich rasieren. Weil, das Gesicht soll ja niemand verlieren bei so einer Rasur. Ich habe dort Frauen kennengelernt, die sich ihre Haare auf den Zähnen kultivieren und in Wellen legen, sie aber mit vielen eleganten Füllwörtern bleichen, dass man sie nicht sieht. Für mich waren sie Lebensberaterinnen, Vorbilder, und natürlich haben sie mich auch deutlich undeutlich gemaßregelt.

Wenn mir beispielsweise „Eva, bist a da!" mit einem breiten Lächeln entgegengeworfen wurde, dann wusste ich sofort, dass meine 20-minütige Verspätung scheinbar aufgefallen war. Ich war aber nicht einfach die Eva, nein – ich war „unser Eva". „Mei, ‚unser Eva' is so a Fleißige – lest scho wieder", diese deutliche Aufforderung zu einem Ratsch verstand ich immer sofort. Natürlich kamen wir auch nach dem Einlass zusammen, besprachen das Trinkgeld, die Zuspätkommerinnen, die Abo-Kundschaft und das Stück. „Mei, de Oper is ja so greißlich inszeniert. Da werns heid wieder scharenweise aussageh!" Und kaum kamen die Ersten: „Mei, hats Eana ned gfalln? Des is aber schad, is recht modern, ja. Des mua ma gwohnt sa, Herr Professor Schmidt. Mir san zwar grad eigentlich in der Pause, aber natürlich griang Sie gern die Jacke. So schad, dass Eana ned gfallen hat, Herr Professor. Dann an schönen Abend."

Ich war mir immer sicher, dass die, die da aus der Oper gingen, nicht wussten, ob sie jetzt von der Einlassdame verarscht wurden, belächelt oder vollkommen verstanden. Das ist der Zauber des Regensburger Grants. Er ist so direkt, dass er indirekt wirkt.

Am wertvollsten waren für mich die Lebenstipps. „Des is doch koa Mo für unser Eva. Des is doch bloß a Depp. Unser Eva is doch vüll zu gscheit für so oan." Besonders amüsierte es mich immer, wenn dann der „Depp", also mein damaliger Freund, kam und er begrüßt wurde: „Und Sie mechdn etz unser Eva abholen, gell? Ja, des is ja unser Beste. Und Sie? Mechdns ned studieren? Ah, des wissens no ned. Ja, unser Eva is ja a so a Gscheide, gell. Des wird schwierig für Sie ohne Studium. Etz sitzens Eana da her und wartens!" Und dann wurde er dort einfach sitzengelassen und keines Blickes gewürdigt. Weil es mir so viel Spaß gemacht hat, ihn so hilflos und von den eleganten Einlassdamen zutiefst verunsichert sitzen zu sehen, habe ich auch noch immer ein wenig langsamer gearbeitet. Das war unsere Art, ihm zu zeigen, wer hier die Chefin ist. Wir alle. Er nicht. Das Gute daran war, dass wir das auch nicht besprechen mussten untereinander. Die Bande der Einlassdamen waren – solange wir im Theater waren – fester als die meines Freundes und mir. Trinkgeld ist nun mal dicker als Wasser, mein Freund.

Da ich aus dem Oberpfälzer Umland komme, bin ich leider viel zu direkt für den weiblichen Regensburger Grant. Ich konnte diesen High-End-Grant nur im Theater imitieren. Bei mir selbst kommt ganz oft – und das fiel auch den Einlassdamen früh auf – ein gewaltiger Jähzorn dazwischen. Meinen Grant erkennt man an Wortkanonaden voll von wütenden Aussprüchen, die ich so in zwei Minuten nicht mehr sagen würde bei Freundinnen oder Familie. Oder man erkennt ihn an dem tiefen nachtragenden Gefühl, das ich manchen Menschen gegenüber oft noch monatelang mitschleppe, weil sie eben nicht nah an meinem Herzen sind. Nein, es ist gelogen. Es sind Jahre, die ich hassen kann. Ist das Kraut mal verschüttet, wird es bei mir nie wieder. Was sich leider auch absolut auf mein Sozialleben niederschlägt. Aber mei. Dafür bin ich gesund. Weil alles immer raus darf, was stört im System. „Grantige Leid wern a old", hat meine Mama immer gesagt. Halt einsamer.

Ich bin zufrieden alleine. Zufrieden mit meinen Kindern und zufrieden mit meinem Freundeskreis. Ich kann mit einem über 60-jährigen Psychologen genauso gut abhängen wie mit einer 24-jährigen Influencerin. Weil die Leute gut sind, sie mich interessieren und wir einfach einander gegenüber unfassbar viel Ambiguitätstoleranz haben. Das ist die Fähigkeit, einander so zu lassen, wie man ist und sich trotz aller Unterschiede zu schätzen. Quasi die Wurzel der Liberalitas Bavariae. Eine Jede kann doch ihr Leben führen, wie sie kann und will. Und dann gibt es eben überpünktliche Karrieremamas und eher chronisch unpünktliche Schlafmützen wie mich. Ist doch auch gut so. Der gute weibliche Grant wird von Angesicht zu Angesicht ausgetragen, wie ein Duell. Man lässt sich aber leben. Und danach ist es leichter und vielleicht lustig.

Der Grant hinter dem Rücken hat etwas Schäbiges. Eleanor Roosevelt hat einmal gesagt, dass große Geister über Ideen sprechen, durchschnittliche Geister über Ereignisse und eher bescheidene Geister über Menschen. Es ist mir doch ganz gleich, welches Leben andere leben. Die Zeiten, in denen ich hauptsächlich über andere Menschen getratscht habe, die sind seit Jahren vorbei. Und diese Entwicklung kann ich wirklich nur allen ans Herz legen. Ich bekomme kein kleines Lästerhigh, wenn ich schlecht mit einer Freundin über eine andere Bekannte spreche. Im Gegenteil. Es gibt für mich nichts Abstoßenderes mehr, als übereinander herzuziehen. Und auch subtiles Hinreiben hat nichts Glamouröses. Wenn ich über eine Sache an meinem Beruf jammere, und mir anwesende Frauen meiner Branche dann etwas spitzzüngig antworten: „Tja, so ist das Geschäft, daran muss man sich gewöhnen. Du hast halt bisher nur Preise gewonnen und dir nichts erspielt!", dann hat das nichts von einem guten Rat. Und auch hier habe ich meinen Freundeskreis noch einmal ausgesiebt. Wenn ich mich mit meinen Freundinnen treffe, dann geht es hauptsächlich über unsere eigenen Leben, und das empathisch. Und wenn wir über gemeinsame Bekannte sprechen, dann wohlwollend. Einander leben lassen. Das ist gut.

Selten befällt mich ein stärkeres Abwehrgefühl, als wenn ich friedlich irgendwo sitze und irgendjemand versucht, mich in ein Lästergespräch zu ziehen. Ich hasse das. Klar, ich höre vielleicht zu, schließe aber mit jedem Wort innerlich ab. Und zwar mit denen, die da reden.

Es macht mich mürbe. Und das mit jedem Jahr mehr. Als Zuhörerin genieße ich jedoch ein wenig die Geschichten, den Hass, die Missgunst und den Neid, der da oft in dem „Das kann die doch nicht machen!" oder in dem „Und dann hatte der schon drei Jahre eine andere!" „Nein!" „Doch!" „Oh!" – wie bei Louis de Funès – mitschwingt. Und genau aus solchen Momenten sind meine Geschichten entstanden. Weil es mich grantig macht, wenn man übereinander spricht. Aber die, die da übereinander sprechen, sind auch grantig, unter anderem auf sich selbst. Und weil es, das muss man jetzt mal schon sehr selbstkritisch sagen, halt leider schon eine der größten Schwächen der Frauen ist, dass wir im Schnitt sehr schlecht übereinander reden und noch schlechter die Klappe halten können.

Und das kostet uns schon lange die Weltherrschaft. Wenn wir unseren Grant, unsere Wut und unsere Missgunst nur richtig kanalisieren könnten, dann wären wir so viel weiter. Vielleicht gelingt es uns ja noch, bevor die Welt drei Grad wärmer ist. Und vielleicht trägt dieses Buch dazu bei … Bescheiden, ich weiß.

Vielleicht sehen wir, wo wir selbst noch dumm und böse sind aufeinander, was wir besser machen könnten und wie wir oft wirken oder uns selbst und andere fertig machen. Vielleicht sehen wir aber auch, was uns schon sehr gut gelingt und wo wir mit Fug und Recht grantig sind, und zwar so berechtigt, dass man den Grant vielleicht noch etwas ausbauen sollte – zum Wohle der Welt. Und vielleicht verstehen Männer, falls sie dieses Buch lesen, endlich, dass Frauen einfach so viel komplexer sind, als man gemeinhin immer annimmt. Aber dabei mit jeder Faser ihrer Körper – immer und zu jeder Zeit – bewunderns- und liebenswert. Und dass es Zeit wäre, uns das Zepter der Welt so lange zu übergeben, bis wir Armageddon abwenden können.

Weibliche Grant-Klassiker

Grant und Körper

Müdigkeit

„Heute hier, morgen dort, bin kaum da, muss ich fort" … Wie oft sitze ich auf Tour in einem Zug, mit dieser einen Stunde Schlaf zu wenig und dem Lied von Hannes Wader im Ohr. Naja, manchmal sind es auch acht Stunden zu wenig. Manchmal nicke ich immer so kurz ein und werde dann entweder von der ruckartigen Vorwärtsbewegung meines Kopfes geweckt oder von meinem Speichel, der mir aus dem Mund läuft. Ja, das ist alles nicht sehr glamourös, aber ich kann nichts dafür. Das ist nun mal so. Wenn ich müde bin, brennen meine Augen, weswegen ich immer und überall Augentropfen parat habe. Ich habe antibakterielle Augentropfen, welche mit Hyaluron, welche mit Langzeitbefeuchtung, welche, die verschrieben werden müssen. Sie liegen in allen Taschen und zu jeder Zeit, weil ich immer müde bin. Wenn es nach dem Verwenden der Augentropfen mehr brennt als davor, dann werfe ich die jeweiligen Tropfen weg, weil das Haltbarkeitsdatum vermutlich schon sehr sehr sehr sehr lange überschritten ist.

Wenn ich müde bin, kann man mit mir eigentlich nichts anfangen, und ich bin sehr gerne alleine, was ja auch gut ist, weil auf Tour kann man ganz tief alleine sein. Manche sagen einsam dazu. Ich sag: unabhängig. Frei. Wenn nicht die Schnittstelle zu anderen Menschen wäre, dann wäre es richtig herrlich auf Tour, aber leider muss man ja doch in Zügen sitzen und da sind die dann. Also, die, die auch auf dieser Welt wohnen scheinbar. Leute, die extrem stinken. Leute, die laut im Ruhebereich telefonieren oder einfach bloß deppert sind. Letzteres stört mich eigentlich am wenigsten. Die anderen Sachen kann ich durch starke Nutzung meiner Kopfhörer und durch Verwendung einer Mundnasenmaske sehr gut kompensieren.

Ich war schon immer eine müde Frau. Auch ein müdes Kind. Schlafen ist eines meiner größten Hobbies und es entzieht sich absolut meinem Verständnis, wie man zum Beispiel morgens freiwillig aufstehen kann. Also so ganz ohne Grund. Wenn ich mich an einem Sommertag noch mal in die geerbte kühlende Damastbettwäsche zurückfallen lassen kann, nachdem ich kurz auf die Uhr geschaut habe, dann ist das doch das Beste, was es geben kann. Ich kann überhaupt hervorragend schlafen. Augenzeuginnen berichten heute noch begeistert von meinen erfolgreichen Schläfchen in diversen Opernvorführungen. Nur bei „Don Giovanni" in Brno 2007 wurde es mal etwas knapp, weil ich da so vornübergekippt bin beim Schlafen, dass mich ein Kommilitone nach draußen getragen hat. Und da habe ich dann auf dem Boden sitzend weitergeschlafen, bis mir die tschechischen Garderobendamen einen Aperol Spritz hingestellt haben. Danach habe ich mich zu ihnen gesetzt und mit ihnen etwas über das Leben philosophiert. Mit Händen und Füßen.

Wenn ich die Prioritätenliste in meinem Leben schreiben müsste, was ich hiermit tue, dann würde die so aussehen: Kinder, Schlaf, Job. In dieser Reihenfolge. Ein Tag mit unzureichender Menge Schlaf kann zu keiner Zeit meiner werden, auch wenn ich mit Aspirin Complex, dem Koks der kleinen Frau, Augentropfen und Wasser versuche, irgendwie noch etwas Gutes daraus zu basteln. An Tagen ohne ausreichend Schlaf bin ich knurrig wie eine wilde Hündin und für alle, die mit mir kommunizieren wollen, gilt es erst einmal eine hohe Mauer aus Skepsis, Selbstmitleid und Grant zu durchbrechen, bevor man zu meinem liebenswerten Kern vordringen kann. Dieser Kern ist da, versprochen, schläft aber leider. Stellvertretend für den Rest des Körpers, der sich durch den Tag hangelt wie ein Clown im Hochseilpark.

Die Unterbrechung, fehlende Ausführung oder leichte Veränderung meines Schlafrhythmus hat in meiner Familie immer schon mehr Streit hervorgerufen als irgendetwas anderes. Wenn ich nicht ausgeschlafen bin, schaffe ich es, die Stimmung in einem Saal mit 350 Leuten vollständig herunterzuziehen, auch wenn ich nur im hintersten Eck sitze und zuhöre. Wenn ich müde bin, bin ich nicht mehr Chefin in meinem eigenen Körper, bin reizbar, unfair und unmotiviert. Ich bin eine wirklich furchtbare Person, wenn ich müde bin.

Aber ich weiß es immerhin. Und es ist auch vorbei, wenn ich mal zwischen sieben und zehn Stunden Schlaf ergattert und einen Kaffee getrunken hab. Dann bin ich wieder ein vernünftiges Mitglied der Gesellschaft und sogar manchmal ganz nett.

„Manchmal träume ich schwer und dann denk ich, es wär Zeit zu bleiben und nun was ganz andres zu tun…"

Natürlich sind meine Schlaf- und Lebensgewohnheiten ziemlich ideal für einen Job in der Unterhaltung. Ich schlafe gerne lange, ich bin abends hellwach. Allerdings gilt das nur für Menschen, die dann auch nach dem Auftritt bald ins Hotel gehen und nicht wie ich ihren Hunger nach Kommunikation und Austausch noch bei pseudo-deepen Backstage-Gesprächen stillen müssen. Außerdem wirkt ja die Aspirin Complex so lange, und ich bin dann bis zwei Uhr wach. Selbst, wenn ich noch nach Hause fahre. Daheim sitze ich dann noch etwas herum und schicke mit anderen Bühnenkünstlerinnen, die auch in dieser Parallelwelt leben, Sprachnachrichten. Und bin total aufgezwickt. Das schwierige Erwachen kommt dann immer am nächsten Tag, wenn ich um 6:45 Uhr den Wecker höre und meine Tochter aufwecken muss.

Unverständnis. Unverständnis überall. „Unverständnis is everywhere" quasi. Weil wir zu spät kommen, weil zu Hause nicht alles picobello ist, weil wir aus Versehen Pullis dranhaben, die von gestern noch dreckig sind. Wir sind manchmal froh, wenn wir es überhaupt irgendwie aus dem Haus schaffen. Sogar meine Kinder bemerken schon, dass wir eine Art Kontrollleben zu anderen Familien führen. Und irgendwie mögen sie das auch. Meine Tochter kam neulich nach

Hause und hat erzählt, dass sie von einer Klassenkameradin verpetzt wurde, als es darum ging, die Ohrringe beim Sport rauszunehmen. „Wie kann man nur ständig alles machen wollen, was die Lehrerin sagt, das finde ich ganz falsch!", rief sie mir über dem Mittagessen entgegen, und ja. Sie hat das Leben wohl durchschaut. Was soll ich ihr noch beibringen? Ich versuche ihr halbherzig zu erklären, dass das ja auch ok sei, wenn man ein wenig braver sein will. Aber sie schaut mich nur mit zusammengekniffenen Augen an und zischt: „Mama, ganz ehrlich!" Ja, ich gebe auf. Sie weiß genau, wie ich bin. Ich kann ihr nicht die vollkommen normale Mutter vorspielen. Es funktioniert nicht. Und was ist schon eine normale Mutter? Was müsste ich dafür tun? Bügeln? Schürzen stärken? Noch mal heiraten?

„So vergeht Jahr um Jahr und es ist mir längst klar, dass nichts bleibt, dass nichts bleibt, wie es war…"

Wir führen abends ein Familientagebuch. Neulich haben wir es gelesen und festgestellt, dass die letzten zehn Einträge alle gleich geendet haben: „Mama ist müde. Sie hat viel gearbeitet!" Toll. Meine Kinder werden mich mal als müden, unpünktlichen und chaotischen Lappen mit Augen auf Halbmast in Erinnerung haben. Sie werden auf meinen Grabstein schreiben lassen: „Sie war müde. Sie hat sich stets bemüht!"

Manchmal packt mich der Ehrgeiz und ich versuche, um zehn abends ins Bett zu gehen, wenn ich nicht touren muss. Es wird dann meistens halb zwölf, aber das ist ja schon mal was. Immerhin nicht halb zwei. Nur liege ich dann noch etwas wach, während mein Herz rast, weil ich krampfhaft überlege, was ich noch hätte machen sollen, was morgen noch ansteht und ob ich jetzt nicht endlich einschlafen könnte.

Als ich mal bei einer Ayurvedaspezialistin war, hat die mir nur erklärt, dass ich, wenn ich nicht um sieben Uhr abends schlafen würde, erst wieder ab 12 Uhr Mitternacht eine Chance auf Nachtschlaf hätte. Und was soll ich sagen: Die Frau hatte recht. Ich glaube, dass ich rückblickend alle soliden Jobs wegen Müdigkeit am ein oder anderen Punkt sabotiert habe. Als Journalistin war ich immer zu spät bei allen Pressekonferenzen, als ich Kommunikation für Projekte der Stadt gemacht habe, war ich für kritische Anmerkungen an Müdigkeitstagen einfach nicht bereit. Ich kann mich am Telefon nicht für einen Minarettbau im Osten der Stadt rechtfertigen, wenn ich in der Nacht stündlich wach war, weil mein Sohn zahnt. Da gibt's dann telefonische Vorwürfe wie: „Es is a Sauerei mit dem Minarett! Was für eine Drecksau Sie als Oberbürgermeisterin ham, de des zualasst!" „Unsere Bürgermeisterin ist grad bloß interimsmäßig im Amt, weil der Oberbürgermeister in Haft ist!" „Da sigt mas doch scho, was ihr für Verbrecha sads in Rengschburg! Wir Deitschn, wir löschen unsa ganze Kultur aus!" „Wo san Sie bitte her?" „Aus Mühldorf!" „Da kann i Sie beruhigen, das Minarett können Sie in Mühldorf nicht mehr sehen!" „Aber des geht doch ned, warum sagt na da in Rengschburg koana was dagegen?" „Weils die muslimische Gemeinde seit dreißig Jahren gibt und das Minarett neben zwei Tankstellen im Gewerbegebiet ist und ned neben dem Dom. Neben dem Dom ist es nur auf Share-Pics von rechten Parteien auf Facebook!" „Aha, Sie san also a no parteiisch!" „Was bin i? Wissens was? Es is etz kurz vor Mittag und i bin für die Regensburger Presse zuständig und ned für irgendan Panikquerulanten aus Mühldorf, der von Tuten und Blasen keine Ahnung hat. Und wenns mir etz weiter auf die Nerven gehen, dann konvertier i zum Islam, bloß, dass i mi von Leid wia Eana distanzieren kann. Hams mi? Auf Wiederschaugn!"

„Dass man mich kaum vermisst, schon nach Tagen vergisst, wenn ich längst wieder anderswo bin …"

In meinem Müdigkeits-Suri[2] sind mir Konsequenzen für meine emotionalen Aus- bzw. Zusammenbrüche auch grundsätzlich wurscht. So erzählte mir einmal ein wütender Anwohner einer Baustelle, dass er gegen die Baustelle sei. Und ich antwortete durch Augenlider aus Blei nur: „Herzlichen Glückwunsch, weil dann hams grad wirklich a Bech. Es wird nämlich gebaut!"

Und auch der Anruf eines anderen Baustellen-Anliegers, der mir nur 20 Minuten wegen fehlendem Internet ins Telefon schrie, wurde von mir schmählich missachtet. „San Sie etz fertig mit der Schreierei? Weil i hab Eana da etz wirklich ned zughört, verstehnas scho, oder?" „Sie haben mir nicht zugehört?" „Na, es war mir zu laut. Es is zehne in der Früh, wenn sie da schreia wollen, ruafas bitte jemanden ausm psychologischen Bereich an, aber ned a Sachbearbeiterin von der Stadt!" „Ich entschuldige mich!" „Des is erfrischend und i nimms an. Schönen Tag no!" „Und mein Internet?" „Kimmt bestimmt bald wieder!"

„Stört und kümmert mich nicht, vielleicht bleibt mein Gesicht, doch dem Ein' oder Andern im Sinn..."

Vermutlich bin ich da, wo ich jetzt bin, beruflich schon recht gut aufgehoben. Irgendwann müssen die Kinder ja morgens nicht mehr raus. Oder schaffen es alleine. Meine Tochter macht mir ja morgens schon immer Kaffee. Irgendwann sind sie dann nicht mehr da und ich stehe alleine um elf Uhr auf, mache Kaffee, esse dann gleich Mittag. So wie ich es mag. Und abends spiele ich wieder. Ayurvedamäßig für mich ein Traum.

Neulich sagte ich meinen Kindern vor dem Einschlafen, dass das Aufstehen für mich der härteste Part des Elterndaseins ist, und dass

---

2   Ein Suri ist ein berauschter Zustand.

ich hoffe, dass ich mal ausschlafen kann, wenn sie aus dem Haus sind. Empörung everywhere. Was denn mit mir los sei. Und warum ich wollen würde, dass sie ausziehen. „Mama, es ist saucool bei dir. Wir wollen absolut nicht ausziehen. Niemals." Das habe ich jetzt also davon, dass ich so eine seltsame Mama bin. Sie bleiben mir.

„Fragt mich einer, warum ich so bin, bleib ich stumm, denn die Antwort darauf fällt mir schwer…"

Es bleibt also so. Ich gehe auf Tour, bin abends topfit, sabbere am nächsten Tag im Zug auf meinen Brustkorb und gehe dann ein paar Tage später abgehetzt mit dem vollgesabberten Pulli in den Kindergarten – um meinen Sohn zehn Minuten zu spät abzuliefern. Unter vielsagenden Blicken.

Letzte Woche verabschiedete ich meinen Sohn im Kindergarten und sagte ihm, dass wir uns in vier Tagen wieder sehen würden, weil ich auf Tour bin. Eine andere Mama drehte sich um und sagte, dass das ja unerträglich lange sei. Vor meinem Sohn sagte sie das. Ich kochte innerlich. „Mei, bei uns ist es halt anders, sonst hätt ja koana was zum Reden!", fauchte ich und schickte ihr einen tödlichen Blick aus müden, roten Augen. Mein Sohn drehte sich um: „Mama, stress di ned. Die andan kapiern des ned. Hab di lieb. Ciao!"

„Denn was neu ist, wird alt, und was gestern noch galt, stimmt schon heut oder morgen nicht mehr."

Als ich mich – unter dem grantigen Blick der anderen Mama – umdrehte und ging, dachte ich kurz, ob das der gleiche Bub ist, der mir noch vor vier Jahren die Nächte geraubt hat. Und irgendwie denke ich mir: „Sollen sie ruhig bei mir bleiben, die zwei. Denn ich habe das Gefühl, je müder ich bin, desto wacher werden sie." Wie es eben ist in der Evolution.

Hunger

Eine hungrige Frau hat alles Recht dieser Welt grantig zu sein. Daher sind Diäten aller Art vollkommener Schwachsinn und verlorene Lebenszeit. Niemand sollte sich in die Ernährung einer Frau einmischen. Zu keiner Zeit. Nie. Damit möchte ich dieses Kapitel abschließen.

Umfang und Haare

Als ich aufgewachsen bin, hatte ich sehr schnell mein Endgewicht erreicht. Irgendwann bin ich nur noch gewachsen. Das bedeutet im Rückschluss natürlich, dass ich eine Zeit meines Lebens eher dick war. Kernig. Feist. All das. Daher nannte mich mein Onkel auch lang „Presssackl", nach einer beliebten bayerischen Wurstware. Mir selbst schmeckte diese Fleischsache in Aspik nie, aber ich ahnte bereits mit vier Jahren, was damit gemeint war. Ich sah aus wie ein roter, abgebundener Presssack. Meine Arme waren immer etwas speckig, haselnussbraun gebrannt und mein Gesicht war feuerrot und pummelig. Ich habe ausgesehen wie eine Mischung der zeitgenössischen „Kinder Schokolade"-, Brandt-Zwieback- und „Rotbäckchensaft"-Kinder. Anscheinend stellte man sich damals bayerische Kinder auch ein wenig vor wie mich. Und wenn ich einmal in der Woche fernsehen durfte, dann waren da auch viele Kinder, die mir ähnlich sahen. Der Ludwig aus den Lausbubengeschichten sah aus wie mein dünner Bruder und Pumuckl hatte genauso rote Backen wie ich. Ich fand mich schön, mein Spitzname war „Presssackl" und mein Leben war ziemlich zufriedenstellend.

Irgendwann schaute ich bei meiner Oma dann mal einen privaten Sender. Wir hatten zu Hause nur drei Programme und ein strenges Fernsehregiment, das nur an Ausstrahlungstagen von „Wetten, dass…?" etwas aufgebrochen wurde. Wenn ich bei meiner Oma war, glotzte ich also ganz ungeniert Tele 5, als gäbe es kein Morgen. Die Kinder da in „Bim Bam Bino" sahen anders aus als ich. Telegener vermutlich. Weniger kernig. Und ich begann mich immer länger im Spiegel zu betrachten. Ich hatte einen Bauch, den ich dank meines Hohlkreuzes recht rausstreckte, ich hatte meine Pausbacken, meine kleinen runden Ärmchen und meine feuerroten Backen. Ich fand mich nicht mehr schön. Irgendwann ertappte mich meine Mama dabei, wie ich mir ihren Compact-Puder ins Gesicht schmierte, um die feuerroten Backen zu übermalen. „Wos machst na du?" Ich weinte und schluchzte, dass ich nicht mehr ausschauen will wie eine Tomate oder ein Presssack. „I werd nie a scheene Frau!" Meine Mama war komplett aus dem Konzept gebracht, immerhin waren Kommentare über das Aussehen eines Kindes im bayerischen Dorf der 80er an der Tagesordnung. Und so schlimm war es doch bei mir gar nicht. „Du bist doch a scheens Mädl!" – Ich wusste es nicht mehr. Ich hatte Zweifel. Diese Zweifel nagten lange an mir. Zu burschikos, zu wenig Busen, zu rotes Gesicht und zu unschöne Haare. Wie Brenneisen hinterließen alle Kommentare zu meinem Aussehen Narben auf meiner Seele. Und irgendwann verwandelte ich die Narben in Orden, indem ich Kabarettistin wurde. Komödie ist halt einfach Tragödie plus Zeit.

Den Anstoß zum Umdenken im Hinblick auf meinen Umfang und mein Aussehen gaben zwei Gegebenheiten. Einmal war ich im fünften Monat schwanger, hatte eine kleine Kugel vorne an meinem ansonsten eher dünnen Körper und stand mit meinem Hohlkreuz, meinen hängenden Schultern und meinem Wamperl auf der Terrasse meiner Eltern. Mein Papa kam aus dem Garten und wir plauderten kurz. Wir trugen beide abgeschnittene Jeans und Feinripp-Unterhemden. Und meine Mama kam aus dem Haus und sah uns so dastehen: „Oa Körper!" Der Kommentar meiner Mutter schnalzte in das Gespräch, das ich mit meinem Papa führte. Wir sahen uns an und mussten schmunzeln. Ja, tatsächlich. Ich hatte die Figur meines Papas geerbt. Eine Waschbrettbrust. Mit hängenden Schultern. Nie sah man es so gut, als während der zweiten Trimester meiner Schwangerschaften, als auch mein Bauch sich dem kleinen Bierbauch meines Papas anglich.

Die zweite Begebenheit, in der ich beschloss, dass mir vieles egal war, war, als ich mit einer Lungenentzündung auf 50 Kilo abgemagert, nach fünfwöchigem Krankenhausaufenthalt, auf der Couch meines Wohnzimmers lag und zu schwach war, auf die Toilette zu gehen. Es waren schon sieben Jahre, dass Ärztinnen keinen Grund für meine schrecklichen Unterbauchschmerzen fanden, und ich litt jeden Tag mehr. Ich lag auf dem Sofa und fühlte mich zunehmend wie eines dieser Tiere aus Dokumentationen, die sich einfach irgendwo zusammenrollten, um zu sterben. Mein Körper war vollkommen vergiftet, meine Lebenslust bei null und um meine Kinder konnte ich mich – aus Mangel an Kraft – nicht mehr kümmern. Am nächsten Tag raffte ich mich auf, weil ich einen Arzttermin hatte. Da ich wegen der Medikamente nicht Auto fahren durfte, wartete ich vor dem Haus auf ein Taxi. Ich stand da, mir war schwindlig und ich fühlte mich wie ein Skelett auf zwei Beinen. Auf meiner Nase saß eine Sonnenbrille, die meine verheulten Augen überdecken sollte. Es war einer dieser Momente, in denen man auch nichts dagegen hätte, wenn man sich in Luft auflösen würde.

Plötzlich kam eine Bekannte auf mich zu und begann sofort, mich in ein Smalltalk-Gespräch zu verwickeln. Wie es denn den Kindern ginge? Ich hasse Smalltalk. Meistens möchte ich dem Gegenüber einfach herzhaft ins Gesicht niesen oder einfach nur zum Schreien anfangen, wenn es mit diesem belanglosen Gefrage losgeht. Um eine gewalttätige Übersprungshandlung meinerseits zu vermeiden, habe ich mir eine Taktik zugelegt. Ich antworte meistens auf die erste Frage eines Smalltalks mit „Joa, du – basst. Und bei dir?" Und dann lasse ich die Gesprächspartnerin wider Willen einfach labern. Und schalte geistig ab. Auch dieses Mal erzählte mir die Bekannte irgendwas aus der Krippe ihrer Kinder, was mich nicht im Entferntesten interessierte. Ich fragte mich vielmehr, wann denn endlich das Taxi kommen würde, immerhin hielt mich nur ein empfindliches Gleichgewicht aus Tilidin und Novalgin aufrecht. Ich erfuhr, dass in der Krippe frisch gekocht wurde und es daher schon absolut richtig war, dass die Einrichtung für eine Vollbetreuung 800 Euro pro Kind und Monat nahm. Mir wurde ein wenig schlecht. Ich überlegte kurz, welche Wendung das Gespräch nähme, wenn ich der Bekannten auf ihren Naketano-Hoodie brechen würde. Ich schluckte mühsam, immerhin hatte ich die Tilidin gerade erst genommen. Die war zu kostbar für den Pulli. Endlich, das Taxi näherte sich. „Das ist meins!", sagte ich entschuldigend und machte Anstalten, von der Bekannten weg und in Richtung Straße zu gehen. Ich war so fertig, dass nicht viel gefehlt hätte und ich hätte mich auf die Straße fallen lassen, wie in ein warmes Bett. „Mei, nobel – mim Taxi. Eva, was i dir übrigens no sagen wollt: Du schaust so guad aus nach zwei Kindern! Es is verrückt. So eine gute Figur, kein Gramm Fett! Wie machst du des?" Ich starrte die Bekannte hinter meiner Sonnenbrille an und versuchte sie mit meiner letzten zur Verfügung stehenden Kraft per Blick zu töten. War das jetzt ihr Ernst? Oder war ich einfach in einer medikamenteninduzierten Psychose angelangt? Ich hasste sie. Sofort. Ich weiß im Nachhinein nicht mehr, ob es die Tabletten, die Schmerzen, die Schwäche oder einfach der schwärzeste Teil meiner Seele war, aber irgendetwas in mir beschloss an meinen Mund folgenden Sprechbefehl zu senden: „Woasst, was durch selbstgekochtes Essen ned besser wird? Dummheit!" Und daraufhin setzte ich mich mit letzter Kraft in den abgeranzten beigen Mercedes.

Einige Monate später wurden mir endlich ein paar chronisch entzündete Teile aus meinem Unterbauch entfernt und ich blickte mit leicht schlechtem Gewissen auf den Moment zurück, in dem mir mein Grant so entglitten war. Immerhin war ich bekannt dafür, sehr subtil auf Menschen einzuschimpfen.

Ich empfand auf jeden Fall mein Leben ohne Schmerzen als zweite Chance und begann meinen Alltag jeden Tag aktiv zu gestalten. Zum Beispiel ging ich einfach unendlich oft zum Schwimmen in Flüssen, weil ich das sehr liebe. Ich wollte nach der Krankheit mehr solche Dinge machen, die mir Spaß machten. Man ist ja kurzzeitig als junges Elternteil oft so geblendet von der neuen Verantwortung, dass man kurz denkt, man müsste auf alle spaßigen Dinge des Lebens verzichten und sie dringend und ausschließlich mit Kinderthemen und Konsum ersetzen. Nein, man macht keine Lagerfeuerparty mit Klampfe und Freundinnen mehr – man fährt mit den Kindern dafür in einen dämlichen Freizeitpark und gibt an einem Tag 250 Euro und sehr viele Nerven an der Kasse ab.

Ich versuchte also meine Freundinnen für das Schwimmen zu begeistern – und immer wieder hörte ich den gleichen seltsamen Satz: „Ich habe leider gerade nicht die Figur für den Strand!" Dieser Satz verwirrte mich sehr, weil mir augenblicklich Bilder in den Kopf schossen, wie denn so eine Schwimmfigur aussehen musste. Vielleicht wie die einer Meerjungfrau. Oder die einer Ente. Einmal fragte ich meine Freundin Steffi, ob sie Lust hätte auf Baden und sie erklärte mir kurz, dass das wegen ihrer Figur nicht ginge momentan. Ich stellte mir Steffi als Delphin vor und sagte zu ihr: „Meine Liebe, es wird aber vermutlich noch dauern, bis dir Flossen wachsen!" Steffi fand das gar nicht lustig und erklärte mir eingehend ihr Trauma mit ihrer Cellulite. Es begann ein sehr eindringliches Gespräch, in dem ich auf der einen Seite Steffi erklärte, dass man manche Dinge – und sei es der eigene Hintern – einfach hinter sich lassen und das Leben genießen müsse. Weil wenn es eben 35 Grad hat, warum sollte man dann nicht an ein Gewässer gehen? Außerdem sei das doch total egal, es wären ja an dem Flussbadeplatz im Nachbardorf nicht gerade nur die absoluten Katalogmodels unterwegs. „Du verstehst das nicht, Eva, du hast solche Probleme nicht!", war Steffis Antwort auf der anderen Seite. Sie würde sehr unter ihrer Figur leiden und wenn sie eben mit Nichtschwimmen Lebenszeit verschenken würde, dann nähme sie das gerne in Kauf, weil ihr das lieber wäre, als komisch angeschaut zu werden. Ich erklärte Steffi, dass ich sie zwar nicht verstehen würde, weil ich sie fabelhaft fände, aber ihre Gründe akzeptieren würde. Wenn sie je bereit sei zum Baden, dann sollte sie mir umgehend Bescheid sagen.

Ich fragte mich ernsthaft, wie viele Frauen es wohl gibt, die weltweit auf das Baden an öffentlichen Plätzen verzichten, weil sie finden, dass sie in ihren Badeklamotten eine schlechte Figur abgeben würden. Auf irgendeinem Kalenderspruch steht, dass man einen „Beachbody" bekommt, wenn man einen Body hat und zum Beach geht. Und das stimmt natürlich, aber es scheint in meinem Bekanntenkreis nicht angekommen zu sein. Wieso interessieren wir uns denn generell für den Umfang von anderen Menschen? Und ist man denn mit einem Beachbody immer glücklich? Was hilft dir der makellose Körper, wenn dir innerlich ein paar Organe wegfaulen, wie bei mir?

Wie immer war ich mit den Kindern alleine beim Schwimmen, als meine Tochter plötzlich aufstand und im Stehen an einen Baum pinkelte. Sie machte das schon immer so. Ich habe das sehr früh beobachtet und diesen Fehler nie korrigiert, weil ich mir dachte: „Schau an, was Frauen plötzlich alles können, wenn ihnen niemand sagt, dass etwas eben nicht geht!"

Neben uns waren zwei Familien und lachten etwas dreckig, als sie das sahen. Ich schaute rüber. Zwei sehr gepflegte Frauen und zwei sehr von Muskeln definierte Männer mit zwei kleinen Babys lachten da unverhohlen über meine Tochter, die im Stehen pinkelte, besser und zielgerichteter als jeder Mann jemals. Und ich weiß, wie selten Männer beim Pinkeln im Stehen treffen, weil ich im Studium Wirtshaus-Klos geputzt habe.

In mir begann es zu brodeln. Mein Sohn, der mit seinen fünf Jahren die gemütliche Figur eines kleinen barocken Engelchens hatte, saß daneben und missinterpretierte die Szenerie. „Mama, de lacha mi aus, weil i an Bauch hab!"

In meinen Ohren begann es zu surren. Eine Mischung aus Hitze, Wut und dem plötzlichen Wunsch Boxerin zu werden, brachte mich dazu, dass ich meiner Tochter zurief, sie möge doch bitte in Richtung der Familie von nebenan ihr kleines Geschäft erledigen. Das fanden die zwar nicht so in Ordnung, aber es war mir egal. Meinem Sohn erklärte ich, dass er eine prima Figur hätte und alles an ihm absolut stimmig sei. Meine Tochter lobte ich später für ihre Biesel-Performance.

Ich nickte auf der Decke leicht ein, während die Kinder zum Sandspielen liefen. Ich fragte mich, warum wir immer noch so nach Äußerlichkeiten urteilten. Ein besonderes Reizthema waren für mich dabei vor allem Haare. Wie die meisten Leute bin ich auf die Welt gekommen und hatte kurze Haare. Niemand war überrascht, und es hat niemand von mir erwartet, dass ich mit ewig langen Engelshaaren in der Wiege sitzen würde.
Irgendwann hat sich das dann rapide verändert. Während ich – als mittleres Kind zwischen zwei Brüdern – immer nur praktische Kurzhaarschnitte hatte, sind um mich herum alle Mädels wie auf Kommando mit einer langen Mähne ausgestattet worden.

Und auch mein Papa hat immer mal wieder laut gesagt, dass er sich stets gedacht hat, er bekommt einmal ein Mädchen, das weniger burschikos ist, weniger auf Krawall gebürstet und eines mit zwei langen Zöpfen. Wo dieser Wunsch herrührt – keine Ahnung, denn auch bei genauerer Durchsicht meiner Ahnen hat sich eigentlich kaum jemand finden lassen, der oder die diesem Wunschbild entsprochen hätte.

Gut, meine Uroma hatte langes und dickes Haar, aber da war auch Krieg. Alle anderen Frauen hatten eher dünnere Haare, die dann entweder verflochten wurden, oder eben praktisch abgeschnitten.

Sehr ungerecht ist es auch, dass die Oberlippen- und Körperbehaarung vieler Frauen meiner Familie stärker ist als die Behaarung auf dem Kopf – also zumindest im Verhältnis. Und auch von der Energie her sind in meiner Familie – wenn man sich mal ein wenig umhört – von allen Seiten durchwegs Frauen, die ziemlich bestimmt gesagt haben, was sie wollten, also Haare auf den Zähnen hatten. Dem „Nettes Mädchen"-Wunschbild von meinem Papa hat bei genauerem Hinsehen nicht einmal meine Mama entsprochen.

Und so habe ich mich schon als Kind immer wieder gewundert, warum ich die Einzige mit kurzen Haaren bin und warum sich so viele Leute immer wünschen würden, ich wäre ein braves Mädchen mit langen Haaren. Nach meinem Vater haben sowohl meine Lehrerinnen als auch meine Brüder und andere Mitmenschen in regelmäßigen Abständen den seltsamen Ausruf getätigt: „Eva, du warst a super Bua worn!" Und wenn ich mit meinen Eltern unterwegs war, dann haben mich Bekannte, die wir getroffen haben, immer für einen meiner Brüder gehalten. Auch, wenn ich ein Kleid anhatte. „Oh, der Josef ist ja groß geworden!" „Ich bin die Eva!"

Und da sich mein Körper ja auch in der Pubertät nicht so verändert hat, wie von allen ursprünglich erwartet, und ich die Figur meines Papas geerbt hatte, gab es immer wieder anstrengende Verwirrungen um mein Geschlecht und meine sexuelle Orientierung. Was sicher auch daran lag, dass ich über lange Strecken meines Lebens kurze Haare hatte, beziehungsweise sie mir wieder abgeschnitten habe, weil ich es leid war, eine brüchige, feinhaarige Langhaarfrisur hinzukultivieren, die erstens nie was geworden ist und zweitens komisch ausgesehen hat an mir. Denn wenn meine Haare mal lang waren, trug ich sie sehr oft zu einem hässlichen, bommelartigen kleinen Dutt gebunden. Das sah einfach nicht gut aus.

Und seit ein paar Jahren reicht es mir. Ich habe zwei Kinder bekommen, zwei Fehlgeburten erlitten und war verheiratet. Ich habe gestillt, in der Nacht getröstet und ungefähr fünf Jahre mit Schlafentzug wegen der Doppelbelastung Kind und Job gekämpft. Ich leide an einer chronischen Unterleibsentzündung und bekomme meine ersten hartnäckigen Nicht-Mimikfalten. Was soll ich denn bitte noch alles auffahren, dass ich endlich – auch mit einer Kurzhaarfrisur – als weiblich gelte?

Freilich, wenn ich mit meinen kurzen Haaren in einem Kleid stecke, schaue ich ungeschminkt immer noch aus wie mein Bruder, aber ich bin es nicht. Weil sich meine Weiblichkeit nicht über meine Haare definiert und meine Schönheit nicht an dünnen Ponyfransen hängt. Neulich habe ich mir meine Haare dann noch ein wenig kürzer schneiden lassen und bin voller Elan vom Friseur gekommen und habe mich richtig gut gefühlt.

Natürlich wird so eine optische Veränderung in meinem Umfeld immer und zu jeder Zeit kommentiert. Und daher ließ auch das erste „Eva, den Prozess gwinnst" in Bezug auf meine neue Frisur nicht lange auf sich warten. Aber das stecke ich inzwischen eh gut weg, ich bin es ja gewohnt.

Ein wenig getroffen hat mich dann aber doch die Aussage von einem Bekannten, dass meine kurzen Haare von hinten ein wenig altbacken aussähen. Mir schossen für ein paar Sekunden die Wuttränen in die Augen. Weil ich ja nichts dafür kann, dass ich ein Kurzhaartyp bin. Gott sei Dank ist mir schnell eine Antwort eingefallen: „Ja, aber das ist auch das Einzige, was an meiner Rückansicht altbacken ist!"

Da hat er dann ein wenig geschaut, der Bekannte. Und ich, ich wusste, dass ich recht hatte. Und recht haben, das wissen wir alle, das ist ja das Weiblichste, was man so tun kann auf dieser Welt.

Ich streckte mich nach diesem wunderbaren zufriedenen Gedanken, bemerkte aber, dass ich immer noch genervt war, dass so viele Dinge auf dieser Welt so schiefliefen. Beruhigenderweise hörte ich meine Kinder laut am Strand toben. Ich versuchte Geräusche von der Familie neben uns zu erhaschen. Und als ich schon fast weggenickt war, hörte ich: „Der Fettl und die Pissnelke von der Lesbe kanntn etz endlich amal den Strand freigeben, dass ich mitm Luis ins Wasser kann!"

Das war's. Ich stand auf, zog meinen Bikini aus, stapfte nackt zum Strand, nahm meine zwei Kinder bei der Hand. „Schauts mal genau zu", beschwor ich sie, bevor ich nackt zur Decke der zwei Muskel-Familien ging. „Also, an Strand hamma freigem und i mechad schmusn, wia schauts aus?" Meine Kinder feuerten mich aus dem Hintergrund an und johlten. Sie kannten diese leicht angesäuerte Stimmung von mir und wussten, dass ich danach meistens gut drauf war. Und eine nackte Mama, die mit Leuten sprach, das amüsierte sie zutiefst. Die zwei Familien fragten mich, ob ich denn spinnen würde. Ich antwortete nur, dass ich glaube, dass ich mich in eine der beiden Frauen verliebt hätte. Dann stellte ich mich – wie zuvor meine Tochter – hin und bieselte direkt in den Rasen. Ich muss gestehen, dass die Kontrolle des Strahls bei meiner Tochter immer viel leichter aussieht, als es in Wirklichkeit ist. Zum Schluss sprang ich – etwas angebieselt – mit Anlauf in den Fluss. Immer noch nackt. Ich war noch nicht mit drei Zügen zurück am Strand, da sah ich, dass die Familien zusammengepackt hatten. „I zoig de o, du Nasche!", rief einer der Mucki-Männer. „Du, da gfrei i mi, weil enga Adress wollt i sowieso!" Rief ich zurück. Der Typ spuckte aus und sie gingen. Wir hatten noch einen guten Spätnachmittag am Flussufer.

Später beim Heimfahren räusperte sich meine Tochter hinter mir und fragte vorsichtig: „Mama, warum hast du di nackert auszong?" „Weil ma si niemals und zu keiner Zeit dafia schamma mua, wer ma is. Und manche Leid mua ma da halt ganz grob dran erinnern!"

„Find i cool, a nackerte Mama", sagte mein Sohn. Und ich grinste in mich hinein. Weil das würde er sicher nicht lange in seinem Leben so sehen.

Gewitterwetter

Ich bin wahnsinnig wetterfühlig. Ich habe keine Ahnung, woher das kommt, aber ich habe das in mir. Es kann das schönste Wetter sein – alle essen Eis auf der Terrasse, kein Wölkchen am Himmel, kein Hauch von Schwüle – und trotzdem höre ich mich ausm Nichts sagen: „Heid kimmt no a Weda." Sprich – ich fühle Gewitter, wo es keine Anzeichen gibt.

Und dann sagen alle so: „Ja, woher würd denn das kommen? So ein Schmarrn!" Wie viele Diskussionen ich schon deswegen gehabt habe, passt auf keine bayerische Hochsommergewitterfront. Und wisst ihr was? In 99,9 Prozent aller Fälle hatte ich recht. Ich bin überhaupt gut in Vorahnung. Ob das jetzt daran liegt, dass einer meiner Ur-Großonkels als Waldprophet in einer Höhle gewohnt hat, oder da dran, dass ich aus einer Familie voller Pessimistinnen komme und das Leben uns leider oft bestätigt, das kann ich so jetzt pauschal nicht sagen.

Fakt ist: Ich habe oft recht und ich kann gut beobachten. Wenn ich zwei Kinder sehe, die in einem Trampolin herumspringen, dann rutscht mir sehr gerne mal heraus: „In fünf Minuten passiert etwas!" Es kann sich halt dann wieder niemand dran erinnern, wenn eines der Kinder kurz darauf zum Doktor muss, weil die Platzwunden auf der Stirn genäht werden müssen.

Auch wenn ich Paare sehe, dann weiß ich haargenau: Oh je, die Beziehung ist aus. Ich sehe auf Partys, ob die Stimmung kurz vor dem Absaufen ist, und ich fühle auf der Stelle, wenn sich in einem Raum zwei Menschen befinden, die sich auf den Tod nicht ausstehen können.

Ich sehe anhand des Bienenflugs, ob es heute noch regnet, und gieße nicht mehr. Ich checke haargenau, dass es besser ist, heute nicht mehr ins Gartencenter zu fahren, weil sich bei schwülem Wetter eh alle am Parkplatz anschreien. Weil kurz vor einem Gewitter – Bairisch: Weda – eben alle ein wenig durchdrehen.

Beim Kartenspielen merke ich als Erste, wenn jemand blufft, und ich löse jeden Krimi nach fünf Minuten. Den Polizeiruf sogar nach drei. Und wenn meine Kinder ein neues Graffito im Haus fabrizieren, dann überführe ich die Täterin sofort. Mir macht man da eigentlich nichts vor. Ich würde sogar sagen: Man macht mir generell nichts vor. Nie. Niemand. Einfach nicht.

Ich wäre eine saugute Kommissarin geworden, könnte Wettervorhersagen aus dem Bauch machen und im Mittelalter wäre ich entweder Heiratsvermittlerin gewesen oder sie hätten mich wegen meiner perfekten Prophezeiungen für heilig erklärt oder eventuell vorher als Hexe verbrannt.

Jetzt könnte man meinen, dass so eine Gabe wahnsinnig praktisch ist, weil man ja dem Ärger perfekt selber aus dem Weg gehen kann. Doch leider ist das nicht so. Weil ich für mich selbst halt bedauerlicherweise nur sehr wenig fühle. Weil sonst hätte ich das mit meiner Hochzeit vermutlich gleich gelassen, weil ich ja gespürt hätte, dass da noch eine Scheidung ansteht. Und auch die eine oder andere Arbeit hätte ich mir vielleicht eher gespart.

Ach, um ehrlich zu bleiben: Ich weiß nicht, ob ich überhaupt angefangen hätte zu arbeiten. So richtig Spaß hat mir das eigentlich nie gemacht. Und letzten Endes hatte doch auch fast jede Vorgesetzte eine faszinierend andere Sicht der Dinge. Und keine war so wie meine. Manchen meiner Chefinnen habe ich die Enttäuschung über meine Haltung jeden Tag in der Früh förmlich am Gesicht ablesen können. Bei einer Chefin bin ich mir nicht sicher, ob ich in ihren Augen nicht hin und wieder so etwas wie Mordlust aufflackern gesehen habe, wenn ich mal wieder alle ihre Entscheidungen hinterfragt habe. Von daher: Für eine ständig hinterfragende Frau wie mich ist das Berufsleben eigentlich lebensgefährlich. Aber alles das habe ich nicht bemerkt. Ich dachte tatsächlich – und das ist im Nachhinein sehr witzig, wenn man mal meine ehemaligen Kolleginnen fragt – bei absolut jeder Arbeit: „Oh wunderbar, das ist es jetzt! Das ist super!" Und absolut nie hatte ich recht. Nie.

Ich prophezeie also bei mir selbst nichts. Gar nichts. Ich mache mich beispielsweise am ersten Tag der Corona-Pandemie als Bühnenkünstlerin selbstständig – und das auch noch am 1. April. Ich vertraue jeder Person sofort, bloß, weil sie einmal nett zu mir war. Und ich war schon mit Leuten im Urlaub, die ich eigentlich gar nicht gemocht habe. Und das muss man jetzt einfach mal so sagen: Das ist schon alles ganz schön kurzsichtig für eine Seherin. Oder auch blöd. Wie man es eben werten will.

Wenn mich nach dem ersten Lockdown jemand gefragt hat, wie es uns als Familie nach der intensiven Zeit daheim geht, dann habe ich allen gesagt: „Super, ich glaube, dass uns das alles noch näher zusammengebracht hat!" Kurz darauf war die endgültige Trennung.

Und immer, wenn so etwas passiert, dann zweifle ich an mir selbst und denke mir: Schau halt einfach mal genauer hin. Bei anderen bist du ja auch immer so weitsichtig und im direkten Umfeld erkennst du nichts und bist wie blind. Unschärfe in der Nähe. Passend auch zu meinen neuen Brillengläsern, die ich jetzt im Alter brauche.

Neulich, beim Kaffeetrinken mit meiner Mama, erzähle ich, dass ich mich selbst so sehr aufrege. Wie ich mich immer wieder dabei ertappe, etwas für mich selbst nicht geahnt zu haben. Und dann sitze ich wieder drinnen in einem riesigen Schlamassel und habe einen enormen Grant. Und das auch noch auf mich selbst. Weil, was bringt mir das Erfühlen der Großwetterlage, wenn ich im Alltag oft regelmäßig in den bayerisch-sprichwörtlichen Dreck neilang? Meine Mama zuckt mit den Schultern und sagt: „Ja, das ist wirklich ungünstig, weil für die Wetterlage kannst du ja auch das Agrarwetter googlen. Aber eine App zum Erkennen von Deppen und schlechten Entscheidungen gibt es halt leider noch nicht!"

Und deswegen möchte ich jetzt so eine App entwickeln. Für emotional weitsichtige Leute wie mich. Das wird sicher ein großer Erfolg. Wirklich – ich spüre das!

Migräne

Meine rechte Gehirnhälfte zersprang quasi und ich stand in der Dusche, als ich einmal herzhaft brechen musste. Ein anderes Mal musste ich meinen Sohn stillen, während meine rechte Körperhälfte vom Schmerz so betäubt war, dass ich nicht mehr genau wusste, was ich eigentlich tat und ob er jetzt wirklich gerade trinkt oder nicht. Und wie oft bin ich einfach mit einem zerbrechenden Kopf in der Arbeit gesessen und musste mir von einer Kollegin sagen lassen: „Ach, Migräne? Echt, schon wieder. Ist aber auch häufig bei dir!"

Ich war wegen meiner Migräne schon in der Röhre, habe ein Migränetagebuch geführt und mir den Kaumuskel massieren und lahmlegen lassen. Trotzdem teilt sich mein Körper bei seltsamen Wettereinflüssen, speziellen Zyklusphasen und nach Stress regelmäßig in zwei Hälften, um mich zu malträtieren.

„Migräne, auch so eine Wohlstandskrankheit", resümierte einmal eine Bekannte. Und ich hätte ihr am liebsten eine Kopfnuss gegeben, oder mehrere – so lange, bis sie wusste, wie sich Migräne anfühlt. Oder zumindest ein Schmerz, der annähernd nervend und tiefgreifend in den Tagesverlauf eingreifen kann.

Es war ein Migränetag, als ich einmal in der elften Klasse aus dem Physikunterricht herausgegangen bin und dem Physiklehrer zu seinem Erstaunen gesagt habe: „Wissen Sie was? Den Vierer habe ich sicher und mehr interessiert mich nicht mehr. Ich kann mir ihren notorischen, langweiligen und monotonen Krampf nicht mehr anhören. Ich gehe jetzt. Schönes Leben!" und anschließend unter dem Applaus meiner Klasse den Unterricht verlassen habe.

Es war ein Migränetag, als ich einen angetrunkenen Freund meines Mannes einmal um zwei Uhr morgens aus der Wohnung geworfen habe, weil er irgendwelche Bild-Zeitungstheorien über Geflüchtete verbreitet hatte. Ich war schwanger, nüchtern und nicht hier für so einen Mist. „Du konnst wirklich gern amal seng, wia ma si so ohne Dach überm Kopf fühlt", habe ich zu ihm gesagt. Und ihn dann in seinem Auto übernachten lassen statt in unserer Wohnung. Im Februar.

Es war ein Migränetag, als ich der Verlobten meines Schwagers erklärt habe, dass ich sehr wohl in einem meiner Dirndl auf ihre Hochzeit gehen werde, weil ich drei Dirndl in ihren dämlichen Hochzeitsfarben hatte und nicht im Entferntesten daran dachte, mir da jetzt auch noch irgendeinen Abendkleid-Fetzen zu kaufen, den ich nie wieder anziehen werde, nur, dass ich weit nach Osteuropa fliegen und 2000 Euro herschenken kann (ja, das ist so bei uns).

Ich bin da jetzt nicht stolz drauf, aber was diese drei kleinen Ereignisse gemeinsam haben, ist, dass ich mich nur unter dem Einfluss starker Tabletten oder großer Contenance überhaupt aufrecht halten konnte und leider unter diesem erhöhten körperlichen Aufwand eine sehr starke Bullshit-Allergie entwickle. Ich ertrage sowieso keine Oberflächlichkeiten, Ungerechtigkeiten und dumpfen Konsum. Aber wenn mich die Migräne ereilt, dann ist meine Erziehung quasi von der Macht der Attacke so supprimiert, dass ich ganz die Person bin, die ich eigentlich bin: eine zwidere, grantige und zynische Frau. Die keinen Bock hat auf diesen Mist.

Migräne ist für mich eine Art Tacheles-Apparat. Ich habe wegen meiner Migräne schon mehr Tischtücher zerschnitten, als ich jemals in meinem Leben benutzt habe. Migräne kann mir alle Filter wegschalten, alle Höflichkeitsfloskeln unaussprechbar machen, und sie übernimmt in meinem Freundeskreis eine natürliche Auslese. Die meisten Freundinnen habe ich unter Migräne-Einfluss verloren. Meine Jobs habe ich innerlich immer während Migräne-Attacken gekündigt. Und ich bin mir ziemlich sicher, dass die Migräne mir auch in Zukunft den Weg weisen wird, mein bohrender, pochender, unignorierbarer innerer Kompass.

Und daher frage ich mich: Was machen eigentlich die anderen armen Schweine, die so ganz ohne Migräne ihr Leben fristen müssen?

Meine Tage

Es könnte so schön sein heute. So ein schöner Tag. Einfach schön. Schauen Sie doch einmal aus dem Fenster raus, wie schön es heute sein könnte. Aber soll ich Ihnen etwas sagen: Für mich ist der Tag heute nicht schön. Nein. Und wissen Sie, warum?

Ja, ich sage es jetzt, obwohl es mir eigentlich zu öffentlich ist. Hier in einem Buch. Aber immerhin hat ja fast die Hälfte der Menschheit damit zu kämpfen: Ja, genau.

Es ist eher so ein Tabu.

Auch in der Arbeit ist das ein Thema, das wir am besten nur mit Gesten – eher so als Zeichensprache, also pantomimisch – ansprechen.

Das ist ein Thema, bei dem man als Frau sofort zum Lippenlesen anfangen muss, weil selten mal jemand laut drüber redet. Und wenn, dann wird sofort einhellig attestiert, dass das jetzt zu viel Information sei – die doch wirklich niemand der männlichen Anwesenden haben wolle. Und manche Frauen auch nicht. Es ist ein Thema, das wir gerne einmal alle so weiträumig umfahren wie einen Stau auf der A9. Aber es hilft nichts, weil die Hälfte der Weltbevölkerung überhaupt keine Wahl hat. Die muss sich damit beschäftigen. Oder musste. Oder wird es müssen.

Nein, nicht Pandemien oder so. Es geht um unsere Tage. Also um die Periode. Die Menstruationsblutung der Frau, oder wie man früher in der Schule gesagt hat: „As Zeich!“

Das, was uns Monat für Monat immer wieder heimsucht, uns quält, verrückt macht und belästigt. Es geht um diese eine Sache, die wir als Frauen das ganze Leben versuchen in den Griff zu bekommen. Und wenn man endlich meint, man hätte es kapiert, wie es läuft, bleibt sie dann einen Monat aus, diese Sache. Und man bekommt Schnappatmung, weil man denkt, man wäre schwanger – oder ist das jetzt schon die Menopause? Oder ist es eine Zyste? Irgendwas, über was man sich Sorgen machen könnte oder sogar sollte? Wie? Ich hatte überhaupt keinen Eisprung? Warum? Ich bin doch erst 35! Meine Eier sollten noch springen wie kleine Rehkitze durch Felder im Morgengrauen. Was ist da los?

Egal, mit welcher Frau ich spreche – bei den wenigsten macht diese monatliche Besucherin im Unterleib überhaupt keine Probleme. Meistens zwickt was, bleibt was aus, tut was unsagbar weh oder belästigt auf sonstige vielfältige Weise im Alltag. Wie ein Potpourri aus Sachen, die man hasst. Alle vier Wochen ab der Pubertät bis zum Wechsel. Gut, am Anfang und am Schluss ist es vielleicht ein wenig unregelmäßig, aber im Schnitt kommen wir nicht aus: Wir haben einfach ständig unsere Tage. Gefühlt immer. Und wenn wir sie nicht haben, dann haben wir irgendetwas anderes: Eisprung, Brustziehen, das prämenstruelle Syndrom oder auch einfach nur einen positiven Schwangerschaftstest in der Hand.

Und ich rede jetzt nur von den ganz normalen Frauen und nicht von den unzähligen Endometriose-Patientinnen oder Frauen mit ganz anderen Herausforderungen auf dem Gebiet der reproduktiven Organe. Und da gibt es viele. Ich selbst gehöre dazu. Ich habe Endometriose. Und ich habe festgestellt: Nirgends wird darüber gesprochen. Pssst: Tabu …

Und manchmal sitze ich mit meinen Tagen und einem sehr vollen Tampon in einer Arbeitsbesprechung und frage mich wirklich ganz ganz dringend, warum die halbe Welt monatlich von dieser furchtbaren und fruchtbaren Belastung heimgesucht wird. Und dazu erscheint es mir aber in solchen Momenten quasi unmöglich, einmal kurz sauber aus diesem Meeting rauszugehen mit dem knappen Satz: „Tschuldigung, ich muss kurz aufs Klo, weil ich meinen Tampon wechseln muss!"

Zum einen, weil ich nicht weiß, ob die Schwerkraft mir jetzt quasi gleich ein fast sprichwörtliches Ei in meine Unterhose legt, wenn ich aufstehe und ich dann kaum mehr weiß, wie ich elegant zur Toilette gehen soll. (Ich weiß, dass das Periodenblut kein Ei ist, aber alles andere hätte den Satz nicht so schön werden lassen.)

Zum anderen, weil das einfach nicht drin ist. Also, diese Ehrlichkeit. Obwohl das ja das Normalste der Welt sein müsste. Viele Männer vergleichen in Diskussionen darüber die Periode mit Stuhlgang. Der Vergleich hinkt aber. Weil, wer hat denn bitte drei bis acht Tage durchgehend Stuhlgang? Ich meine, ich habe in meinem Leben schon Männer getroffen, die lange und viel auf der Toilette sitzen. Aber das ist wirklich in keinster Weise mit der Regelblutung zu vergleichen. Einfach nein.

Was bin ich schon schief angeschaut worden, wenn ich gesagt habe, dass ich etwas wegen meiner Regel nicht schaffen würde. Eine Mit-Frau hatte sogar einmal, als ich schon diagnostizierte und operierte Endometriosepatientin war, zu mir gesagt, dass das jetzt kein Dauerzustand sei, dass ich wegen Schmerzen nicht zur Arbeit kommen würde. Ich hatte damals über 16 Tage im Monat extreme Unterleibsschmerzen, habe Ibuprofen genommen wie andere Leute Minzbonbons und bin oft in der Gebärhaltung gehockt, während ich in der Arbeit telefoniert habe. Nur, um mich irgendwie arbeitstauglich halten zu können. Aber alleine eine Krankmeldung wegen extremer Schmerzen – ich hatte noch eine große Zyste – reichte schon, um diesen Satz zu provozieren: „Das ist jetzt aber kein Dauerzustand, oder?" Tja. Scheinbar habe ich meine Entschuldigungen wegen

Menstruation schon in der Schule aufgebraucht, als ich deswegen immer nicht mitturnen konnte. Okay: wollte. Gut, die Entschuldigungen in der Schule waren natürlich vollkommen sinnlos. Bewegung macht meine Schmerzen eher erträglicher. Sitzen verschlimmert sie. Aber auch das ist bei jeder Frau anders.

Nur interessiert das kaum im Alltag. Ich schleppe meine Kinder quer durch die Stadt, mähe Rasen und spiele abends einen Auftritt. Alles mit Schmerzen und einer unterschwelligen Angst vor fleckigen Klamotten.

„Irgendwann musst du dich doch mal daran gewöhnen", hat einmal eine Frau zu mir gesagt, die das große Glück hat, dass sie nicht von Regelschmerzen heimgesucht wird. Und ich habe ihr sagen müssen, dass man sich leider nicht daran gewöhnt, weil, man gewöhnt sich ja auch nicht an Migräne. Oder an Gichtanfälle. Und dass es ja sehr schön für sie ist, wenn sie keine schlimmen Krämpfe hat, aber ich habe sie und ich habe oft das Gefühl, dass sich mein Unterleib von mir abtrennt. Von selbst. Und das Gefühl ist nicht schön. Und ich würde dann oft gerne laut sagen können: „Leute, ich hab Schmerzen. Ich hab meine Tage!"

Aber ich kann es nicht sagen. Es ist ein Tabu. Also nicht für mich, aber für viele. Einige haben dieses Kapitel vielleicht vor lauter Ekel gar nicht bis hierher gelesen – weil, Hand aufs Herz: Muss das denn sein? Darüber sprechen?

Es ist ein Tabu. Ich habe Pickel, fettige Haare und eben diese Krämpfe und sitze aber trotzdem am Schreibtisch und arbeite. Und ich hätte gerne einen Orden dafür. Von mir aus auch nur einmal im Jahr. Einen Orden für alle Frauen – am besten in Form von ein paar freien Tagen. Wenn es besonders weh tut. Weil – seien wir mal ehrlich. Das ist schon ein Standortnachteil, den man da als Frau so hat. Also, wenn der Körper ein Standort wäre.

Und wenn uns schon niemand lobt oder entlastet für die Schmerzen, möchte ich wenigstens darüber reden können. Einfach so. Egal wo. Ohne diese angewiderten Gesichter. Ich habe es mir ja auch nicht ausgesucht, dass ich eine Frau geworden bin. Und ich sage es euch: Wir sind erst dann komplett emanzipiert, wenn ich überall frei sagen kann, dass ich Regelschmerzen habe. Genauso wie ich es sage, wenn ich Migräne, Magen-Darm oder Bindehautentzündung habe. Weil, Regelschmerzen sind auch nichts anderes als die Kopfschmerzen des Gebärmutterhalses. Quasi.

Als ich übrigens einmal über meine Regel im Radio gesprochen habe, gab es einen Hörerbrief zu dem Thema. Er war überraschenderweise von einem Mann. Ich habe über die Regel anlässlich des Endometriose-Awareness-Monats gesprochen, auch bekannt als März. Mein Text wurde – wie üblich – von der Redaktion freigegeben, gelesen und für sendbar empfunden. Der Hörerbrief richtete sich jedoch direkt an mich. Er wolle, so der Schreibende, sein Mittagessen nicht von der Regel der Frau versaut haben.

Verstehe ich aber. Weil, wir Frauen, wir wollen das nämlich auch nicht. Wir wollen weder unsere Mittagessen noch unsere Urlaube und schon gar nicht unsere Textilien von der Regel der Frau versaut haben. Aber wir – wir haben im Gegensatz zu diesem einen Herren, der nur sein Radio abdrehen muss, leider keine andere Wahl.

Meine Schwangerschaft – deine Ratschläge

Mein Leben war lange sehr einfach. Gute Ratschläge habe ich von Vorgesetzten, erfahrenen Kolleginnen und Freunden bekommen.

Eindringliche Tipps, erzieherische Anweisungen und Appelle an meine Vernunft kamen von meinen Eltern. Das war es eigentlich. Wenn jemandem an mir etwas nicht gepasst hat, dann hat er oder sie sich aus meinem Leben zurückgezogen oder ich habe das der Person nahegelegt, mit einem simplen: „Schleich di aus meim Lem, du Depp!" So war ich vielleicht nicht unbedingt vollumfänglich beliebt und ziemlich häufig Single, aber ich bin meinen Weg zufrieden und beruflich erfolgreich gegangen.

Irgendwann begab es sich dann, dass ein befruchtetes Ei sich in meiner Gebärmutterschleimhaut eingenistet hat. Zunächst war ich überrascht, dann habe ich mich sehr gefreut. Ein Baby also. Da ich ja – wie viele Schwangere – wusste, dass ich mein Kind einmal hervorragend erziehen werde, hatte ich keine Angst. Im Gegenteil. Ich freute mich auf die Zeit mit dem Baby, die Arbeitspause, das neue Leben.

Irgendwann habe ich dann über meinen Zustand gesprochen, auch weil mir immer schlecht war. Und da begann es. Es begann zunächst in Form meiner Kollegin, die mir gegenübersaß und sich augenscheinlich gefreut hat, doch sie war es auch, mit der sie anfingen: Diese Fragen. Diese Fragen rund um meine Schwangerschaft, die Empfängnis, den Fortschritt der Schwangerschaft. Fragen nach dem Namen des Kindes, dem Geschlecht und dem voraussichtlichen Geburtsgewicht. Es waren Fragen zur Entbindungsklinik, zum Vater, zum Mutterschutz, zur Elternzeit und zum Stillen.

Ich schwöre, dass ich in meinem Leben bis zur ersten Schwangerschaft noch nicht so viel gefragt worden bin wie während der ersten vier Monate. Und die Fragerei hat natürlich auch nach der Geburt nicht aufgehört. Sie hat überhaupt niemals aufgehört. Nicht zur Geburt des zweiten Kindes, nicht zur Einschulung des ersten Kindes. Zu den Fragen haben sich – ziemlich bald – auch gute Tipps hinzugesellt. Erst neulich wurde mir wieder gesagt, was mein Sohn gerne isst, was meine Tochter irgendwann mal machen könnte, wie ich mir als Mutter am besten meinen Tag strukturieren könnte. Alle diese wunderbar überflüssigen Sätze und Fragen kommen vollkommen unerbeten und plötzlich.

Denn es ist natürlich ein Unterschied, ob ich gerade mit einer meiner besten Freundinnen, die ebenfalls Kinder im Alter meiner Kinder hat und die ehrlich an mir und meinem Leben interessiert ist, ein Gespräch zu einem bestimmten Kinderthema führe, oder ob mir einfach irgendeine Bekannte ohne Kinder, eine Erzieherin oder eine weitschichtige Verwandte ungebeten ihre Sicht auf meine Erziehung oder Schwangerschaft reinpresst. Aber leider fehlt den meisten Menschen die Sensibilität, das Eine vom Anderen zu unterscheiden.

Gleich als meine Schwangerschaftsbeschwerden von meiner Kollegin als unbedeutend abgetan wurden, weil sie mit ihren Zwillingen eine viel schwierigere Schwangerschaft hatte, hätte ich es wissen müssen. Ich hätte es ahnen sollen, wie sie mir, als ich nach zwei Wochen Liegen wegen Frühwehen zurück in die Arbeit gekommen bin, berichtet hat, dass sie mit den zwei Kindern im Bauch noch gearbeitet habe wie ein Roboter. Ich dachte lange, dass es unsensible Einzelfälle wären. All diese Frauen, die mir von irgendwelchen Schwangerschaften erzählt haben, die nichts – aber absolut gar nichts – mit mir und meinem Körper zu tun hatten. Ich dachte immer, dass alle diese Tipps aufhören würden, wenn ich nur etwas sicherer wäre in meiner Rolle als Mutter. Aber nein. Es hört nie auf. Ich selbst beiße mir inzwischen lieber auf die Zunge, als einer Mutter oder werdenden Mutter meine eigene Schwangerschaftserfahrung aufzudrücken.

Wenn ich mich mit einer Freundin treffe, die schwanger ist oder Kinder hat, stelle ich zu Beginn nur eine Frage: „Magst du drüber reden oder wollen wir einen schönen Abend ohne Kinderthemen haben?" Und das funktioniert sehr gut. Weil ich es einfach leid bin, dass wir uns als Mütter gegenseitig vergleichen, belehren und verbessern wollen. Und meine Freundinnen sind es auch leid.

Wenn ich einmal im Monat auf ein Bier oder einen Aperol Spritz oder von mir aus nur auf ein Leitungswasser abends aus meinem Haus rauskomme, nicht arbeiten muss und auch mal kinderfrei habe, dann will ich zu keinem Moment hören, was ich an meinem Erziehungsstil optimieren könnte. Ich möchte nicht hören, dass sich meine Kinder mal bei dieser oder jener Freundin aufgeführt haben. Und ich möchte später auch nicht hören, dass meine Tochter drei Freunde gleichzeitig hat oder raucht.

Und auch in der Arbeit, auf Familienfeiern oder im Gespräch mit anderen Eltern kann ich gut und zu jeder Zeit auf unerwünschte Tipps und Suggestivfragen verzichten. Und im Übrigen machen es auch der in Bayern so beliebte einleitende Halbsatz „I mechd ja nix song, oba …" oder der etwas freundlichere Halbsatz „I mechd mi ja etz ned eimischen, oba …" nicht besser. Und auch der sehr fromme Wunsch: „Nimms ma ned bös, oba …" macht es nicht besser. All das signalisiert eigentlich nur, dass in Kürze alle Anwesenden eine Übergriffigkeit miterleben werden, auf die eigentlich jeder gut verzichten kann. Denn es ist ein jeder dieser Halbsätze in Verbindung mit Kindern und Schwangerschaft ein ziemlich deutliches Zeichen, dass man einfach sofort und mit Nachdruck still sein sollte. Kurzum: Maul halten, nicht einmischen!

Weil bei der Kindererziehung und bei der Schwangerschaft gibt es nämlich – bis auf wenige Ausnahmen – nur eine Regel: Kümmere dich um dich selbst. Dann ist vielen geholfen. Wenn du selbst Fragen hast, frag. Frage deine Mama, deine Freundinnen oder Fachstellen. Aber mach es nicht andersrum. Frage nicht andere Schwangere und Mütter, als würdest du nur auf den Moment lauern, in dem du einen Tipp geben darfst. Weil sie in deinen Augen einen Fehler machen.

Ich habe für alle Mütter und die, die es werden (wollen), mal ein paar Fragen zu einem Meditationstext aufgeschrieben, der verdeutlichen soll, dass es schlichtweg egal ist, wie man erzieht. Außer natürlich, man gefährdet das Kindswohl. Alles andere ist Geschmackssache, situationsabhängig und bleibt jeder selbst überlassen. Natürlich, diese Fragen gelten leicht modifiziert auch für Väter. Allerdings heißt dieses Buch ja der „weibliche Grant" und deswegen bleibe ich bei der Mama.

Ich gebe euch Brief und Siegel, dass ihr sehr viele dieser Fragen kennt. Ab einem gewissen Punkt beginnen Fragen, die man gerne gestellt bekommen möchte. Weil sie empathisch sind, sich wirklich interessieren und helfen können. Bemerkt ihr den Übergang?

Hast du gestillt? Schreist du zu Hause? Habt ihr ein Familienbett? Bist du autoritär? Hast du eine Einstellung zu Conni? Gehst du einmal am Tag mit dem Kind spazieren? Glaubt ihr der Kinderärztin alles?

Gutes Thema: Kinderärztin – baut sie auf Globuli? Oder Heilkräuter? Impfst du? Was sagt die Kinderärztin zur Impfung? Schimpft sie die Eltern bei Übergewicht des Kindes? Verschreibt sie Antibiotika ohne Bluttest? Überweist sie zu Kraniosakral?

Wer redet bei der Erziehung alles mit? Ein Partner? Eine Partnerin? Der erweiterte Familienkreis des Mannes? Verdreht die Tante vom Mann vielleicht ihre Augen, wenn eure Kinder keine Süßigkeiten bekommen?

Überhaupt Ernährung? Esst ihr Fleisch? Wenn nein, weißt du, dass sich die Knochen da nicht gescheit entwickeln? Da gibt es eine Studie. Wenn ja, weißt du, dass Übergewicht und Krankheiten wie Cholesterin zu den Top-Todesursachen gehören? Da gibt es eine Studie.

Was kochst du für einen Kindergeburtstag? Esst ihr clean oder nicht? Kinderfest mit oder ohne Eltern? Sind die Eltern am Schluss des Festes betrunken oder nicht?

Rauchst du? Vor den Kindern? Bei den Kindern? Draußen? Weißt du, dass Nikotin auch über die Kleidung weitergegeben wird? Ach, du rauchst nicht? Warum nicht? Denk mal dran, wie verraucht alles war, als wir Kinder waren – das hält so ein Zwerg schon aus!

Hetzen die Großeltern gegen die Eltern oder sehen sie die Kinder nie, weil die Mutter recht eigen ist? Sind die Großeltern immer zur Stelle? Oder haben sie ein eigenes Leben? Meinen sie es gut? Oder schlecht? Leben sie noch?

Wie ist deine Rezeption als Mama? Mögen sie dich? Bist du eine Mama-Mama? Ist alles durchgetaktet? Oder bist du unstrukturiert? Bist du eine Karriere-Mama? Hast du ein Trophäen-Kind? Bist du eine Helikopter-Mama? Bereust du das Kinderbekommen? Oder nicht? Warum nicht? Bist du geschieden? Getrennt? Witwe? Schon einmal fremdgegangen? Wie oft? Mit wem? Lebst du in einer eheähnlichen Gemeinschaft? Bist du die zweite Mama neben einer Mama? Bist du eine Bonus-Mama? Oder hast du dir einen Vater erschlichen und eine Familie zerstört?

Bist du dick? Bist du dünn? Bist du zu dick? Bist du zu dünn? Bist du ungesund? Könntest du mehr aus dir machen, weil es sonst klar ist, dass dein Partner nicht bei dir bleibt? Hast du lange schöne Haare? Oder lebst du am Limit und konfrontierst deinen Partner mit einer praktischen Kurzhaarfrisur? Bist du vielleicht defekt? Hast du irgendeine Krankheit? Bist du da womöglich selbst dran schuld? Bist du eher eine Träumerin? Irgendwas stimmt an dir sicher nicht. Vielleicht stresst du einfach alle? Arbeitest du? Oder redest du nur noch über Kinder? Magst du andere Eltern?

Tanzt du noch ab und zu am Tisch? Oder bist du schon genauso wie deine Eltern? Bleibst du abends bei den Kindern zu Hause oder gehst du mal weg?

Oder übertreibst du es mit der Feierei, weil immerhin bist du Mutter? Oder machst du alles für die Kinder? Fährst du sie mehr in der Gegend rum, als dass du mit ihnen redest? Planst du den sozialen Aufstieg über die Freunde deines Sohnes? Oder übers Tennis? Förderst du die Kinder? Gehen sie schon ins Ballett, Fußball, Musikgruppe, Karate und Bouldern?

Haben sie noch Freizeit? Oder sind sie schon komplett durchgeplant? Haben sie Regeln oder machen sie, was sie wollen? Suchen sie sich ihre Freunde aus oder du ihnen?

Schreist du, wenn du unter Zeitdruck bist? Versprichst du etwas, was du nicht halten kannst? Lässt du die Kinder in der Öffentlichkeit einen Autonomieanfall haben und machst nichts? Oder legst du dich zu ihnen auf den Boden dazu?

Ist das Kleine schon sauber? Oder hat sie immer noch eine Windel? Warum nehmt ihr ihr denn nicht den Schnuller weg? Ist euch das egal mit den Zähnen? Habt ihr eine Babytrage, die gut ist, oder eine, die schlecht ist für den Rücken? Gut für euren Rücken oder für den vom Kind?

Fragt dich jemand, was die Kinder so brauchen? Oder wird euch irgendwas geschenkt, was ihr schon dreimal habt? Oder könnt ihr froh sein, dass ihr überhaupt was bekommt?

Oder bist du in der Mitte von allem? Hast keine Zeit, pflegst noch die Oma mit? Oder hast du Hilfe? Haben die Kinder einen Oma-Tag? Oder ein Au-pair? Bist du alleine in der Stadt? Oder in der Großfamilie am Land? Hast du Geld? Oder nicht?

Hast du einen VW-Bus? Oder einen SUV? Ein Elektrorad mit Ladefläche vorne oder einen Babyanhänger?

Montessori oder regulär? Kinderhotel oder Campingurlaub? Hast du eine Putzfrau oder ist es recht dreckig daheim?

Stehst du auf Stoffwindeln oder auf die aus Plastik? Nimmst du die ganz billigen? Oder die exklusiven?

Trinkst du in der Früh schon Prosecco? Oder rauchst du heimlich hinterm Haus?

An was glaubst du? Willst du drüber streiten? Ist es dir egal? Magst du andere kritisieren? Andere Mütter schlecht machen? Um dich selbst besser zu fühlen? Willst du dich mit ihnen anlegen und sagen: „I will dir ja nicht reinreden, aber …" – Willst du Regeln aufstellen für alle? Willst du sagen, dass alle Deppinnen sind, die nicht so oder so übers Stillen denken? Genderst du? Sind deine Kinder rosa, blau oder bunt? Oder tragen die Kleinen gedeckte erwachsene Farbtöne wie Grau oder Marine?

Sagst du hinter vorgehaltener Hand, dass der Kuchen von einer anderen Mama auf dem Kinderfest nichts geworden ist? Oder verdrehst du bei so etwas die Augen?

Bist du Elternsprecherin? Oder hast du dich bei der Wahl am Klo versteckt? Verkaufst du Würstel am Sommerfest oder sitzt du bloß da und trinkst ein Bier?

Lachst du ab und zu? Schläfst du gut? Bist du zufrieden? Kuschelst du? Bist du alleine? Bist du ratlos? Regt dich was auf?

Hast du Angst vor deinem Partner? Ist deine Beziehung toxisch? Brauchst du Leute zum Reden? Fragt dich jemand – ehrlich interessiert –, ob es dir gut geht? Hast du gute Leute um dich herum? Brauchst du Hilfe, Mama? Wie geht es dir?

Grant und Kinder

Meine Tochter

Wir sind eine Familie mit mehreren Generationen starker Frauen. Die Art von Frauen, über die man oft sagt: „Die, die ist ja genauso hantig[3] wie ihre Mama!"

Dabei waren weder meine Oma noch meine Mama hantig. Sie waren halt gnadenlos ehrlich. „Grodo" – geradeaus, direkt, wie man bei uns sagt. Und gut – das macht halt nicht wirklich auf den ersten Blick lieblich. Aber wer ist das schon? Meistens ist es doch eh eher verdächtig, wenn sich jemand in Nettigkeit so übertrieben aufdrängt. Vor allem wird man von diesen Personen im Lauf der Zeit viel öfter enttäuscht, weil man so einen glanzvollen ersten Eindruck erst mal aufrechterhalten muss.

Dieses Problem hatten meine Oma und meine Mama nie. Sie hielten sich an ihre Taktik: Wer sich durch ehrliche Skepsis nicht abschrecken lässt, der oder die hat es verdient, die eventuell mildere Seite der Persönlichkeit zu entdecken.

Diese Milde kam meistens durch Ratschläge und/oder Essenszubereitung zum Tragen. Heute würde man dieses Phänomen vermutlich „Soulfood" nennen. Essen als Medizin, abmilderndes Element und Seelentrost. Früher sagte man „Hausmannskost" dazu. Oder eben gleich „Restlessen". Oder „Mehlspeisen".

Und zum mit Liebe gekochten Essen kamen die guten Ratschläge dann oft noch gratis mit dazu. Ganz trocken anbei serviert. Meine Oma mochte besonders gerne Tipps wie „die Schlüsselfrage". Das ist

---

3 hantig (Adj.)
   [hànndig]
   a) bitter, herb (… Pfuideife, is der Andive hantig!)
   b) unfreundlich, barsch, gereizt, grantig (… Heid bist aber wieder hantig!)

die Frage, die sie meinem Opa immer gestellt hat, wenn er zu spät vom Stammtisch kam und den Schlüssel ans Schlüsselbrett gehängt hat. Nämlich: „Bist du bsuffa?"

Meine Oma erklärte das ganz ohne Umschweife damit, dass man mit betrunkenen Leuten halt einfach nicht diskutiert, weil das keinen Sinn hat. „Da kannst du dir viel Elend im Leben ersparen, wenn du di da dran haltst, Moidl!"

Schon recht schnell in meiner Pubertät merkte ich, dass meine Oma recht hatte. Dennoch passiert es mir dauernd, dass ich die Schlüsselfrage vergesse. Obwohl es einen Anlass geben täte. Zum Beispiel, weil jemand einfach so unverschämt, grobschlächtig oder kurios im sozialen Miteinander daherkommt, dass man sich denkt: Die Person kann doch nur betrunken sein. Aufgrund meiner Erfahrung kann ich sagen: Sehr oft handelt es sich bei solchen Personen um Männer. Natürlich kann das jetzt eine Häufung von Zufällen und ein schlimmer Fall von selektiver Wahrnehmung sein. Aber immerhin ist das mein Buch und es gibt hier nirgends eine Kommentarspalte – also belassen wir es dabei: Gerade Männer gehen mir sehr oft sehr stark auf den Zeiger. Oder wie wir in Bayern sagen: Sie springen mir auf meine Schaufel. Welche Schaufel hier gemeint sein könnte, kann ich nicht sagen. Vermutlich meine Gartenschaufel, die habe ich regelmäßig zur Hand.

Leider hatte ich die Schaufel gerade nicht dabei, als einmal nach einem Auftritt ein älterer gepflegter Herr mit weiß-grauem Vollbart, silberner Nickelbrille mit ovalen Gläsern und weißem, vollem Haupthaar auf mich zukam. Typ: Pensionierter Studienrat. Auch hier kann ich mich täuschen – vielleicht war der Mann auch ein Studiendirektor. Die Grenzen sind da oft fließend.

Trotz der fehlenden Schaufel, auf die der, in seinem Habitus offensichtlich Gelehrte, hätte springen können, schaffte er es trotzdem, mich bis ins Mark zu reizen, indem er mich fragte, ob ich denn eigentlich wüsste, dass ich in meinem zuletzt vorgetragenen Stück immer von „meiner Tochter" sprechen würde.

Dazu muss man jetzt wissen: Schon alleine die Frage eines älteren Herren, ob ich denn etwas wüsste oder ob mir „denn bewusst sei, dass", ist bei mir mit einer Art Instant-Grant verbunden, da ich derlei Nachfragen einfach schon zu oft erlebt habe, um zu wissen, was denn da gleich passieren wird: Mansplaining. Er erklärt mir die Welt, weil ich dumme Frau für ihn grundsätzlich nichts weiß.

Und obwohl ich bereits merkte, wie aus meiner Nabelgegend der Grant in mir hochschoss wie lodernde Flammen an einem trockenen Stück Birkenholz, blieb ich äußerlich ruhig und gefasst. Auch, weil neben mir die Veranstalterin stand und um mich rum betagtes Publikum einer evangelischen Kirchengemeinde.

Daher entgegnete ich schlicht und betont ruhig: „Ja, ko sa!" So, jetzt ist es so, dass jede, die mich kennt, weiß, dass ruhige Entgegnungen bei mir mit Vorsicht zu genießen sind. Dem Herrn Silberrücken-Studienrat fehlte jedoch der Feinsinn dies zu erkennen und so plapperte er munter drauf los: Ja, das hätte ich tatsächlich. Und das sei doch wirklich erstaunlich, weil man doch inzwischen davon abgekommen sei, den Kindern ihre Persönlichkeit zu rauben durch Possessivpronomen. „Man nennt das Kind doch jetzt besser beim Namen. Das ist ja sehr bekannt inzwischen!"

„Aso – is ma do wegkemma?", entgegnete ich kurz. „Macht man des nimmer? San Possessivpronomen etz raus?" – Bereits an der sehr ruhigen, eher gezischten Gegenfrage hätte der Studienrat a.D. erkennen müssen, in welches Wespennest er da gestochen hat. Und – wie der Lateiner sagt – sein Heil in der Flucht suchen können. Hat er aber nicht. Er war ein wenig stolz. Und blickte mich milde herablassend an. Wie eine Schülerin.

Ich merkte schon. Es gab kein Zurück mehr. Ich habe tief geatmet. Für einen Moment war zwischen uns Stille.

Und dann bin ich leider – ich bin nicht stolz drauf – geplatzt. Ich habe den Mann gefragt, ob ich mir dann wohl die 42 Wochen Schwangerschaft bei meiner Tochter nur eingebildet habe. Genauso wie die 5432 Leute, die mir ihre Hand während dieser Zeit ungefragt auf meinen Bauch gelegt haben. Vielleicht hat es ja auch gar nicht gestimmt, dass ich die Hälfte der Schwangerschaft wegen Komplikationen liegen musste und in der 17. Woche mein Kind um ein Haar verloren hätte.

Vielleicht war das alles nur Live-Fiction – genauso wie die rund 860 Menschen, die bei meinen zirka 500 Untersuchungen während Schwangerschaft und Geburt in meinen Intimbereich geschaut haben oder, wenn es pressiert hat, auch mal kurz reingefasst.

Einmal in der Notaufnahme stand ein ehemaliger Pausenhofschwarm vor mir und musste mich abtasten. Und ein anderes Mal war es die Steffi aus meiner Gymnasialklasse, mit der ich nie ausgekommen bin, aber dank meiner Frühwehen blieb mir leider keine andere Wahl und ich musste mich untersuchen lassen von der!

Manchmal standen, weil Regensburg eine Unistadt ist, ganze 13-köpfige Studentengruppen mit Klemmbrettern vor meinem Unterleib und haben sich zu mir Notizen gemacht.
„Bei der Patientin besteht nun schon seit einigen Tagen eine ungeklärte Wehentätigkeit – Zervix bei 1,5 und Muttermund weiterhin fest geschlossen!", hat der Professor gesagt, und ich werde nie ver-

gessen, wie sich ein Student aus der zweiten Reihe gemeldet hat und gefragt hat, ob die Wehen nicht vielleicht am hohen Alter liegen könnten oder am Gewicht!

Aber, vielleicht waren das ja alles nur Trugbilder meines Kopfes. Was weiß ich schon?

Nach zwei Schwangerschaften mit Frühwehen und Übertragen kann ich trotzdem relativ safe sagen: Halb Regensburg kennt meinen Unterleib. – Sicher ist da auch meine exzessive Studentinnenzeit dran schuld – aber nicht nur! Wenn es jemals noch mal „Wetten dass …?!" in Regensburg geben sollte, dann könnte man aus meinem Unterleib glatt eine Saalwette machen!

Ich habe den Herrn Lehrer in Rente gefragt, ob ich mir vielleicht auch die 22 Wochen, die ich liegen musste und mich schonen, und auch die Progesteron-Pillen, die Übelkeit und den Brechreiz der ersten Wochen nur eingebildet hätte.

Ich wollte von ihm wissen, ob es wohl auch nur ein Traum war, dass ich 29 Stunden in den Wehen gelegen bin, während derer die Herztöne meiner Tochter dreimal so runtergefallen sind, dass mir Hebammen auf den Bauch gesprungen sind und ein Doktor Adrenalin spritzen musste.

Ich habe diesem Herrn berichtet, dass die Nabelschnur meiner Tochter bei ihrer Geburt doppelt um den Hals gewickelt war und sie vom ersten Moment auf der Welt bis zum vierten Monat kaum aufgehört hat zu schreien, weil sie eben ein Schreikind war. Und ich war alleine mit ihr unter der Woche, weil mein Mann damals 200 Kilometer entfernt gearbeitet hat. Aber vielleicht habe ich mich da auch getäuscht? Kann ja mal passieren!

Ganz genau habe ich noch einmal erklärt, wie ich in den täglichen Schreinächten oft ins Nebenzimmer gegangen bin, um zu weinen, weil sie durchgebrüllt hat und ich so fertig war und seit Tagen nicht mehr geschlafen hatte und ich befürchtete, ich könnte sie schütteln. Ich habe auch erwähnt, dass ich es ohne meine Mama nie geschafft hätte, weil die dann hin und wieder eine Nacht übernommen hat, dass ich mal schlafen konnte. Und ich mich dann aber trotzdem gefühlt habe wie eine Versagerin, weil die Generation vor mir nur immer davon gesprochen hat, wie ich meinen „Haushalt" noch optimieren könnte und wie ich das „Chaos in den Griff" bekommen könnte.

„Wir ham des damals ohne Iphone higriagt!", haben sie gesagt.

Ich habe den Mann gefragt, ob er wusste, dass es Menschen gab, die mir gesagt haben, dass ich zu viel stille und welche, die mir gesagt haben, dass ich zu wenig stille. Dass ich Vorwürfe bekommen habe, als ich wieder in die Arbeit gegangen bin und gefragt wurde, ob mir meine Tochter nicht fehlen würde. Und dass ich mir alle gemerkt habe, die mich das gefragt haben, weil ich so eine Sehnsucht nach ihr hatte, wir aber schlicht das Geld brauchten und ich daher arbeiten musste.

Und auch wenn meine Tochter adoptiert gewesen wäre oder ein Pflegekind – ich hätte trotzdem jeden Tag für sie mitgedacht, mitgelitten und mitgefühlt. Weil ich das Beste für sie will und ich so froh bin, dass ich sie habe. Oder bilde ich mir das nur ein? Der Mann weiß das ja sicher besser.

Daher habe ich ihm noch mal besonders die Szene erklärt, als sie sich mit zwei Jahren an heißem Wasser verbrüht hat und mein Mann und ich beim Verbandswechsel im Krankenhaus zu dritt mit ihr geweint haben, weil sie uns so leidgetan hat.

Dazu musste ich noch erwähnen, dass meine Tochter „Sissi" – alle drei Teile – auswendig kann, weil ich die immer mit ihr anschaue. Dass sie wartet, dass Mary Poppins mal zu uns kommt, weil wir sie beide so lieben, und dass sie ein Fan von Sophie Scholl ist, weil ich ihr die Geschichte erzählt habe.

Apropos – ich musste ihm auch sagen, dass meine Tochter immer „apropos" sagt, weil ich immer „apropos" sage.

Ich habe ihm alles gesagt, was meine Tochter und ich so teilen, was ich für sie machen werde und was ich für sie machen will und machen würde. Und dass ich sie, wie Thees Uhlmann es in einem Lied sagt, „von Stammheim" genauso abholen würde wie „vom Bundeskanzleramt" – oder eben (in unserem Fall realistischer) von einer Großraumdisco bei Cham. Da würde ich sie vielleicht auf Crystal Meth filzen.

Um uns hatte sich ein Kreis gebildet und der Mann war kreidebleich im Gesicht. Und ich wollte ihn gerade fragen, ob er das jetzt verstehen würde mit dem Possessivpronomen. Da meinte er nur, dass der Rest der Texte ganz erheiternd war. „Streckenweise vielleicht etwas sehr feministisch. Da fehlte die Leichtigkeit!"

Ich nahm meine Tasche, war innerlich am Explodieren – aber ich dachte mir, dass es jetzt besser wäre zu gehen, bevor ich ihn mit meiner Handtasche attackiere, wie ein Bienenschwarm einen Honigräuber.

Ich ärgerte mich die ganze Heimfahrt über dieses Ende der Situation und konnte auch nachts kaum schlafen. Am nächsten Tag stand ich grantig auf und machte mir einen Kaffee. Meine Tochter schlurfte verschlafen mit einem Vogelnest aus Haupthaar am Kopf zur Küche und fragte mich: „Mama, warum schaust du so grantig?" Ich goss mir Kaffee ein, erzählte ihr alles und sie sah mich lange an: „Mama, ko des sa, dass der Mo bsuffa war?" – Und da war ich es dann wieder: Ich war sehr stolz – auf MEINE TOCHTER!

Erziehungstipps

Man kennt das: Ein Paar bekommt das erste Kind. Man freut sich, alle sind total aufgeregt und alle geben Tipps. Aber das Paar nimmt nichts davon an. Weil das Paar nämlich das erste Paar sein wird, bei dem alles anders läuft wie bei allen anderen Paaren bisher. Ihr Kind schläft flott durch, es trinkt perfekt und es trotzt nie. Wie auch, denn das Paar wird die beste Eltern-Kind-Beziehung etablieren, die es jemals gegeben hat.

Man fährt das Kind im Kinderwagen spazieren – auf Bairisch sagt man zu dieser für Eltern höchst identitätsstiftenden Betätigung „Wageln" – und alle sind zufrieden. Wageln wird überhaupt der neue Sport für die frischgebackenen Eltern. Schon anhand der Wageltechnik der jungen Eltern kann man den Status der Erleuchtung beziehungsweise Ernüchterung nach der Geburt ablesen. Es kann hier zwischen sehr forschem, ja fast ausgelassenem Wageln in der hormonell gesegneten Zeit postpartum, müdem Wageln in den Wachstumsschüben und eher betrübtem Wageln unterschieden werden. Letzteres lässt die kundigen Beobachterinnen auf häusliche Differenzen im Hinblick auf die Arbeitsaufteilung zwischen den Eltern schließen.

Das frischgebackene Elternpaar in unserem Beispiel ist ja Gott sei Dank gesegnet. Mit dem Glück des perfekten Kindes.
Sie wageln ihr Kind also herum. Alle sind glücklich. Sie führen das Kind zu den ersten Schritten. Alle sind gut drauf. Sie geleiten das Kind durch die Pubertät – kein Streit, weil die Eltern quasi befreundet sind mit ihrem Kind. Sagenhaft.

Ob in der Kita oder in der Schule, in der Lehre oder am Traualtar, ob das Kind mal Heavy-Metal-Musikerin wird oder Schalke-Fan – dieses Kind wird sich immer perfekt mit den Eltern verstehen. So wird das immer sein. Da sind sich die Eltern zwei Minuten nach der – natürlich unkomplizierten – Geburt des Traumkindes sicher.

Eine schwangere Freundin von mir hat neulich zu mir gesagt: „Du, nichts gegen euch, aber wir machen das mal alles anders als ihr, wenn unser Kind mal da ist!"

„Guad, bitte", habe ich mir gedacht, „dann nimm i natürlich Abstand davon, dir unerwünschte Stilltipps zu geben. Ich werde dir keinen PDA-Erfahrungsbericht vortragen und a ned song, wie man ein Trotzkind dazu bringt zu essen!" Ja, ich war eingeschnappt. Und zwar gewaltig.

Nicht nur, weil meine Freundin meine Tipps nicht benötigt, sondern auch, weil sie uns – mir und meinem Mann – als Eltern ja deutlich signalisiert hat, dass sie unsere Art, die Kinder zu erziehen, nicht gut genug findet. Klar nehme ich das persönlich. Immerhin sind meine Kinder wunderbar gelungen. Sie sind begabt, schön und sogar hin und wieder frisch gewaschen. Nach ihnen werden später Straßen benannt, und vielleicht bekommen sie auch so braune Schilder an Autobahnausfahrten. Durch unseren Ort führt zwar keine Autobahn – aber man könnte sie in Regensburg aufstellen: „Regensburg. Heimat der Kinder von Eva Karl Faltermeier. Die gelungensten Kinder dieser Welt".

Wie dem auch sei – das Ganze hat in mir gewaltig gearbeitet. Abends habe ich mit meinem Mann darüber gesprochen. Was meint sie eigentlich, wer sie ist? Klar, vielleicht sind unsere Erziehungsmethoden vom Spirit her jetzt nicht immer komplett an die neuesten Literaturen angedockt. Und logo geht bei uns seit der Trotzphase des ersten Kindes jeder zweite Satz nach dem Schema: „Wenn du das jetzt nicht sofort machst, dann darfst du heute Abend nicht fernschauen!" Aber bloß, weil wir „Wenn nicht, dann"-Drohungen aussprechen, sind wir noch lange keine schlechten Eltern. Das machen doch letzten Endes alle so. Spricht halt niemand drüber …

Mein Mann hat dann gesagt, dass die Meinung meiner Freundin auch daran liegen könnte, dass ich schon ein paar Mal mit meinen Kindern in Zeitlupe an der Polizeiinspektion am Minoritenweg in Regensburg vorbeigefahren bin und laut gebrüllt habe: „Wenn ihr etz no oamal ‚Nein‘ sagts, dann steck i eich in Knast!"

Er hat dann auch gesagt, dass es daran liegen könnte, dass ich neulich, als die Kinder meinen neuen Nagellack auf der Couch ausgeschüttet haben, eine halbe Stunde laut darüber philosophiert habe, dass ich viel lieber alleine auf der Welt wäre und gerne reisen würde – ganz einsam. Fernste Länder hätten mich da plötzlich interessiert, beschrieb mein Mann meine Reaktion von vor ein paar Wochen. Er behauptete, dass ich gesagt hätte, dass ich großes Interesse an Peru hätte, weil da wäre ich bisher noch nicht gewesen. Vor allem nicht ohne Kinder. Das wäre durchaus erfrischend, so ein dreijähriger Rucksackurlaub ohne meine Familie, hatte ich wohl laut gebrüllt, während ich den Nagellack aus der Couch geschrubbt habe. So genau kann ich mich jetzt an diese ganze Szenerie zwar nicht erinnern. Aber mein Mann hat alles sehr detailliert beschrieben. Und vielleicht ist was dran.

Schließlich meinte er auch, dass es daran liegen könnte, dass meine Freundin so eine schlechte Meinung von unserer Erziehung hat, weil ich, wenn eines unserer Kinder einen Autonomieanfall auf einer Grillfeier im Freundeskreis bekommt, immer erst laut in die Reihe der Gäste schreie: „Kind zu verkaufen – laut, stur und dreckig!"

Ich bin nachdenklich geworden. „Meinst?" Mein Mann hat bloß mit den Schultern gezuckt. Kurz war es ganz ruhig im Raum. Es entstand eine unangenehme Pause. „Sag mal, findst du eigentlich, dass i eine schlechte Mama bin?", habe ich ihn gefragt. Er hat einen Moment zu lange gezögert und gesagt: „Mei, manche würden das jetzt sagen, aber ich finde dich ganz unterhaltsam!"

Wir haben das Gespräch beendet und sind ins Bett gegangen. In der Nacht habe ich wahnsinnig schlecht geschlafen. Es war eine dieser furchtbaren Nächte mit zerfetzten Träumen, in denen ich ein hässliches Monster bin, vor dem alle weglaufen.

In der Früh bin ich noch grantiger und zombiemäßiger an der Kaffeemaschine gestanden als sonst. Meine Tochter, die Frühaufsteherin der Familie, ist in die Küche gekommen und hat mich lange angeschaut. Eine Sache, die ich morgens nur schlecht ertragen kann. Und zu allem Überfluss begann sie auch noch laut zu rufen: „Grantige Mama zum Verkauf. Stinkig und muffelig!" Ich bin etwas erstarrt und war ein wenig traurig plötzlich. Und es kann auch sein, dass mir zwei, drei kleine Tränen über die Wangen gelaufen sind, als ich mich zu ihr herunterbeugte und sie mit meinem schlechten Morgenatem fragte: „Sag amal, bin i echt so schlimm?"

Mit einer unbändigen spontanen Wucht hat mich meine Tochter umarmt. Mit ihrer flachen kleinen Hand tätschelte sie milde meinen Rücken. „Na, Mama, du bist halt manchmal grantig und du stinkst ausm Mund – aber sonst bist du lieb. (Pause) Und wenn du mir etz kein Frühstück machst, dann werd i stinksauer! Weil i bin a Kind und brauch a mei Essen. Eltern, die ihren Kindern nix zum Essen geben, kommen übrigens in den Knast. Kannst dir ja überleng."

Ja. So war das. Als Fazit und bei genauerer Betrachtung kann ich vielleicht doch sogar auch selber einen Erziehungstipp hin und wieder gebrauchen. Also, obwohl meine Kinder perfekt sind. Und zumindest sollte ich vielleicht keine Tipps an frischgebackene Eltern verteilen. Ist ja auch nicht so viel Platz für so viele braune Schilder an Autobahnausfahren.

Rosa Matschhose

Segelflieger, Fendt-Bulldogg und Tom und Jerry beim Autofahren. Wenn ich die wenigen Fotos aus meiner Kindheit anschaue, die nicht auf einer Familienfeier aufgenommen wurden. Also die Fotos aus dem Alltag, die mein Papa gemacht hat, um seinen Film vollzubekommen, dann sehe ich sofort, was bei meinem großen Bruder vier Jahre davor in Mode war. Und das waren meist: Segelflieger, Bulldoggs und Tom und Jerry.

Ich habe meine ganze Kindheit als „Werder[4]-Gwand", also als Kleidung für den täglichen Gebrauch, die abgelegten Sachen meines Bruders getragen.

Auf meinen Pullis waren im Jahr 1992 eben leicht ausgewaschene Segelflieger, Fendt-Bulldoggs und Tom und Jerrys aus dem Jahr 1988. Und keiner hat irgendwas dazu gesagt.

Meine Hosen waren auch von meinem Bruder, die hatten Aufbügelflicken, waren abgeschnitten oder auch einfach noch relativ intakt, weil er vielleicht so schnell rausgewachsen war, dass er keine Zeit mehr hatte, um Löcher zu produzieren.

Für die Schule oder für Feiern hatte ich auch manchmal Kleider, die waren von meiner Cousine geerbt oder von den Kindern von der Cousine von meinem Papa. Wenn ich nach Hause gekommen bin,

---

4   Nicht Werder Bremen. Werder bedeutet hier Werktag.

musste ich die Schulklamotten aber immer sofort ablegen, weil, für daheim war diese Kleidung natürlich viel zu edel.

Und für zu Hause hatte ich ja die prima Segelflieger-Pullis von meinem Bruder.

Ganz was Besonderes war in jeder Saison das eine Kleid, das für Sonn- und Feiertage aller Art gekauft wurde. Das durfte ich mir dann sogar selbst aussuchen. In einem Kleidungsgeschäft im nahen Regensburg.

Wenn ich heute mein Fotoalbum anschaue, dann kann ich mich noch erinnern, dass ich bei Kommunionen und Hochzeiten schon alleine deswegen so gut drauf war, weil ich mal was getragen habe, was mir tatsächlich gefallen hat. Bis heute reagiere ich höchstempfindlich auf Ratschläge und Kritik zu meiner Kleidung, weil ich es so genieße, etwas tragen zu können, was nicht schon vier Jahre vorher meinem Bruder gehört hat. Es wäre auch fatal, wenn ich immer noch seine Kleidung auftragen müsste, weil er hauptsächlich Cordhosen und Tweet-Jacketts trägt und ich mit seinen Klamotten ausschauen würde, als wäre ich eine Handarbeitslehrerin an einem schottischen Hochland-Internat.

Bei meinen zwei Kindern ist das alles anders. Die Schwester ist die Ältere und der Bruder weigert sich seit Geburt quasi instinktiv, ihre Kleider oder Röcke anzuziehen. Ich verstehe das auch, obwohl es für mich natürlich finanziell schon praktisch wäre, wäre er da etwas offener.

Mein Sohn bekommt aber auch Klamotten von anderen älteren Kindern geschenkt – und bis auf Röcke und Kleider ist es ihm auch immer egal, was er trägt. Sogar für Pailletten und Perlen konnte ich ihn mit der Zeit behutsam begeistern. Peu à peu wurde der Kleine modisch aufgeschlossener, und weil es sich einmal gerade so ergeben hat, habe ich ihm irgendwann einmal eine rosa Matschhose seiner Schwester angezogen. Die Matschhose war schon von drei Kindern durchgeerbt und immer noch tipptopp in Ordnung – „pfenningguad", wie man auf Bairisch sagt.

Und ich habe mir gedacht, dass es bei einer Matschhose ja nicht stören kann, dass sie rosa ist, weil immerhin wird sie ja eh wieder schmutzig. Also, wegen des Matsches.

Was für ein fataler Irrtum. Spätestens, als ich ein Foto meines Sohnes – als er mit der rosa Matschhose auf dem Spielplatz steht – als WhatsApp-Profilbild hatte, hat er begonnen: Der blanke Terror.

Binnen kürzester Zeit hatte ich zirka 35 WhatsApp-Nachrichten, die alle denselben Tenor hatten: „Was tust du dem Kind nur an? Der arme Bub, der kann doch nicht mit einer rosa Hose herumrennen!"

Ich dachte kurz, dass das wohl eine seltsame Ausnahme sei, aber es ging weiter. Es wurde spekuliert, ob die sexuelle Orientierung meines Dreijährigen wegen der Matschhose in Gefahr wäre, und außerdem könnte er ja doch gemobbt werden. Oder so. Er würde sein Selbstbewusstsein verlieren, und man liefe Gefahr – und das wäre ja wohl das Allerschlimmste – zu denken, dass er ein Mädchen wäre. „Ja, um Gottes Willen! Das wäre ja furchtbar!"

Man stelle sich das einmal vor: Ein durch und durch kerniger und gesunder Bub aus der Oberpfalz würde für ein Mädchen gehalten werden. Für dieses eine Geschlecht, das eben nicht so optimal ist wie das andere. Für eines dieser physiognomisch eher benachteiligten Weicheier, die später dann auch noch nonstop unter Hormonen leiden. „A Mädel – des is doch a Beleidigung!" Ja, schlimm wäre das. Da waren sich die Kommentatorinnen auf WhatsApp einig.

Ich muss gestehen, ich bin kurz überfordert gewesen und habe tatsächlich – saudumm – ein schlechtes Gewissen bekommen. Quasi im Affekt. Und das ärgerte mich von mir selbst. Was lasse ich mich hier eigentlich von ein paar geistig komplett eingeschränkten Rosa-Hellblau-Deppinnen terrorisieren? Ich war stinksauer und saß mit pochendem Herzen auf der Parkbank. Bis ich dann geschaut habe, wer mir die Nachrichten eigentlich geschrieben hat: Ausschließlich Frauen.

Ach so. Deswegen. Die würden also meinem Buben gerne die Nachteile im Alltag ersparen, die sie so jeden Tag erfahren, dachte ich mir, lege mein Handy beiseite und schaute meinem Sohn beim Spielen in seiner rosa Matschhose zu.

Nach einer Weile setzte sich eine andere Mama zu mir auf die Bank. Zuerst sah sie immer wieder zu mir herüber – und als unsere beiden Kinder begannen miteinander zu spielen, suchte sie das Gespräch: „Ach, ist die eine Liebe. Wie heißt sie denn, die Kleine?" Ich musste kurz grinsen, habe sie angesehen und gesagt: „Maria. Xaver Maria!"

Ehrlichkeit in der Erziehung

Unsere drei Hühner hat der Fuchs erwischt. Also, das vermuten wir. Die meisten Körperteile waren nämlich nicht mehr da. Dafür ein Meer von Federn. Wäre es der Marder gewesen, dann hätte das alles anders ausgesehen, erfuhren wir vom Nachbarn. Marder neigen zu einem Blutrausch. Sinnloses Sterben also. Unsere Hühner kamen scheinbar immerhin dem Wachstum kleiner Jungfüchse zugute. Die wohnen nämlich – Zeugenberichten zufolge – drüben auf dem Maisfeld. Gut. Soweit haben wir das alles verstanden, auch dass das eben die Natur ist. Und dieses gegenseitige Fressen da natürlich dazugehört. Trotzdem war es unerwartet und war – gerade nach dem Verlust mehrerer Katzen – für unsere Familie ziemlich hart.

Als meine Tochter dann gefragt hat, was mit den Hühnern denn los sei, habe ich ihr gesagt, wie das wohl zugegangen ist. Beim Hühnermassaker. Und sie hat ziemlich viel geweint. Verständlich. Die Arme konnte sich über Tage nicht beruhigen und auch ich selber war sehr traurig. Ja, mein Herz ist ein klein wenig zerbrochen, weil mir die Hühner und auch meine Tochter so leidgetan haben. Wir haben einige Zeit Fleisch nicht mal anschauen können. Und beim Anblick von Federn hat es uns sofort alle geschüttelt und uns liefen die Tränen über die Wangen. Ich weiß. Ein wenig pathetisch bis lächerlich, wenn man bedenkt, dass wir bis dato schon eine Familie waren, die Chicken Nuggets vom Fastfood-Händler bei längeren Autofahrten als ernährungstechnisch sichere Bank angesehen hat. Aber so war das nun mal. Man entwickelt sich eben weiter im Leben. Auch als Familie macht man da oft gemeinsam Quantensprünge. Während manche Familienmitglieder nie wieder Fleisch essen wollten, gab es andere, die zumindest nur noch selten sehr glückliche Hühner verspeisen würden. Und es gab meinen Mann, dem das alles egal war. Aber man sieht schon: Den Kindern und mir waren die Hühner ziemlich ans Herz gewachsen.

Immer wieder, wenn meine Tochter todtraurig war wegen der Hühner, haben mir verschiedene Leute die Frage gestellt, warum ich ihr nicht erzählt habe, dass die Hühner in Urlaub gefahren wären. Oder irgendeine vergleichbare Story. „Die Hühner – ach, die san umzong!" Irgend sowas.

Gute Frage. Warum habe ich das nicht gemacht? Die Kinderseele wäre geschont worden, vielleicht hätte ich es irgendwann selber geglaubt. Ab da habe ich mich wahnsinnig schuldig gefühlt. Und es hat in mir gebrodelt.

Andere Situation – andere Reaktion: Wie unsere allererste Katze einfach während unseres Umzugs mit dem DHL-Auto weggefahren ist, habe ich nach intensivster Suche aufgegeben. Und für meine traurigen Kinder eine quasi baugleiche Katze besorgt. Gut – „Franz 1" war ein Mann und „Franz 2" eine Frau, aber ansonsten waren die beiden kaum auseinanderzuhalten.

Auch ihre Schicksale waren ähnlich tragisch, weil ja Franz 2 dann in der Waschmaschine … Aber das ist eine andere Geschichte.

Fakt ist: Ich habe damals meine Kinder belogen. Ok, das klingt grob. Drücken wir es mal so aus: Ich habe ihnen die Wahrheit etwas vorenthalten. Später wollte ich ihnen ja sagen, wie es wirklich war. So in zehn, zwanzig Jahren. Wenn sie bereit dazu sind. Dann wollte ich ihnen wirklich sagen: „Der Franz, der is nimmer der eigentliche. Und er heißt eigentlich Franziska!"

Aber bevor es dazu kam, saß meine Tochter einmal im Wohnzimmer, schaute lange auf die baugleiche Ersatz-Katze und sagte: „Unser Franz schaut aus wia a Frau!" – Einfach so! Mir ist ein richtiger Schauer über den Rücken gelaufen und ich habe mich plötzlich wieder so gefühlt wie damals, als ich mit 15 vom Rektor meines Gymnasiums beim „Rauchen auf verbotenem Gelände" erwischt worden bin.

Ich habe nichts gesagt. Aber seitdem kann ich die Kinder nur noch ganz ungut anlügen. Wann hat das eigentlich aufgehört, dass ich ihnen alles vormachen kann? Und warum hat mich niemand vorgewarnt, dass das alles so schnell geht? Ich selbst habe bis sechs ans Christkind geglaubt und war mit acht aufgeklärt. Die Uhr tickt!

Die Kleinen werden halt tatsächlich so wahnsinnig schnell groß, und ich habe irgendwie gemeint, ich hätte mehr Zeit. Ich bin nämlich noch nicht so weit. Ich verfalle in schiere Panik, wenn ich mir vorstelle, dass ich ihnen irgendwann nicht mehr erzählen kann, dass sie brav sein müssen, weil sonst der Nikolaus nichts bringt. Meine ganze Erziehung basiert auf solchen Mythen! Und ja, ich weiß, dass das nach absolut jeder Erziehungsmethode – außer vielleicht der von Johanna Haarer[5] – falsch ist. Aber ich erziehe nicht nach Methode. Ich hangle mich vielmehr erziehungstechnisch von Spontaneinfall zu Spontaneinfall. Und selbst wenn ich mal einen Plan habe, wie ich vorgehen könnte, dann macht ein unvorhergesehenes Ereignis sofort wieder alles kaputt, und ich bin zu streng, zu wenig streng, zu ehrlich, zu falsch, zu inkonsequent und zu rigoros. Aber ich bin grundsätzlich einfach auch schwach. Ich bin halt keine Erziehungsexpertin und muss nicht immer als einzige Mama alles richtig machen. Und manchmal, das gebe ich unumwunden zu, will ich einfach meine Ruhe. Zack. Aus.

Und deswegen: Habt mich alle gern. Nein, nicht so. „Habts mi gern", das bedeutet im Bairischen so viel wie: Rutscht mir doch alle den Buckel runter. Und zwar auf Alpin-Skiern. Ich nehme mir ständig vor, nicht mehr an diesen ganzen Käse zu denken. Weil verkopfte Erziehung eigentlich genau das ist, was ich grundsätzlich nie wollte.

Daher habe ich auch nie ein Erziehungsbuch gelesen, finde Erziehungstipps absolut ermüdend und gebe auch nichts auf Expertinnen-Interviews.

Weil ich ein erziehungstechnischer Outlaw bin. Ungebunden. Niemandem zur Rechenschaft verpflichtet und frei im Kopf.

Vor ein paar Tagen schaut mich mein Sohn an und fragt: „Mama, das Christkind, ist das ganz stark? Und das sieht immer, was ich ma-

---

5 Autorin des in einer gewissen braunen Zeit der deutschen Geschichte sehr beliebten Ratgebers „Die deutsche Mutter und ihr erstes Kind" und des Märchenbuches „Mutter, erzähl' uns von Adolf Hitler".

che?" Ich strauchle ein wenig, weil ich gerade über meinen Steuer-unterlagen sitze, und sage aber mit dem Brustton der Überzeugung: „Ja, des Christkindl woaß alles und kann alles drong, a zum Beispiel an großen Bulldogg."

„Und warum mua i dann immer an Wunschzettel abgem? Des Christkindl mua doch wissen, was i wüll!" „Du, i mua etz leider weida arban, oba des konnstma glaum – as Christkindl kennt di ganz ge-nau!"

Aber es ist schon passiert: Meine Konzentration auf die Umsatz-steuervoranmeldung ist erst mal beim Teufel. Weil, irgendwann weiß der Junge, dass ich ihn hin und wieder anlüge. Irgendwann kommt das ja alles raus. Und irgendwann lügt er mich auch bloß noch an. Irgendwann steht er hinter der Garage und raucht heimlich panierte Engelstrompeten, weil ich ihn so oft angelogen habe und er denkt, das macht man so!

Mein Herz klopft mir bis zum Hals und ich beschließe, dass ich meine Kinder nicht mehr als nötig anlügen werde in Zukunft. Das be-deutet: Über mehrere Generationen weitergetragene Mythen, quasi Notlügen aus Tradition, die sind erlaubt. Christkind ist ok, Osterhase auch. Alles andere nicht. Logisch, oder?

Am Tag nach dem Entschluss kommt eine Freundin zu mir zum Kaffee. Irgendwann tapst meine Tochter die Treppe herunter, um mir etwas auf ihrer Flöte vorzuspielen. Jeder Ton klingt für mich gleich. Gleich schief. Wer so Flöte spielt, sollte sich eigentlich auf richterli-che Anordnung hin von Musikinstrumenten immer mindestens 100 Meter fernhalten müssen. Meine Freundin atmet sehr unmerklich sehr tief aus. „Und, Mama? War scho ganz guad, oder?"

„Mei, irgendwann lernstas scho!"

Meine Freundin schaut mich entsetzt an, als meine Tochter schulterzuckend abgeht. „Was?", schreie ich sie an. „War des jetzt wieder zu ehrlich oder was? Weißt was, bekomm du doch einfach auch ein Kind – und wenn dir das dann das Wohnzimmer anmalt und dich fragt, wie du es findest, dann sagst einfach, dass du des super findst! Und des möchte i dann sehen!"

Die Freundin war dann nicht mehr zum Kaffee da. Ich habe gehört, dass sie inzwischen Mama geworden ist. Der Kontakt ist eher eingeschlafen nach der Sache. Habe ihr aber jetzt doch ein Geschenk zur Geburt geschickt. Klar: Die Blockflöte meiner Tochter.

Kind spielt

Freies Spiel ist für Kinder so wichtig, sagen immer alle. Weil das die Phantasie anregt, soziales Verhalten trainiert und halt auch praktisch ist, wenn man als Eltern mal kurz etwas Ruhe braucht: „Spielt einfach!"

In meiner Erinnerung waren das früher fast magische Worte meiner Mama. Einfach nur spielen, nichts zu tun. Perfekt. Meine Eltern haben auch immer wieder betont, wie gut und ausdauernd ich früher spielen konnte. Sie hätten von mir oft den ganzen Tag nichts gehört, weil ich so ins Spiel vertieft war.

Egal ob mit Freundinnen, allen Dorfkindern oder alleine: Ich habe grundsätzlich einen Nachmittag einfach so weggespielt. Ich will jetzt natürlich nicht zu viel Druck aufbauen, aber ich dachte schon irgendwie, dass zumindest eines meiner zwei Kinder auch so eine begeisterte Spielerin wird. Aber nein. Wenn ich zu den Kindern sage: „Jetzt dürft ihr spielen!", dann scheint sich bei ihnen die Zeit wie Kaugummi zu ziehen. Anfänglich gibt es Unstimmigkeiten, wo denn jetzt gespielt werden soll und ob noch ein anderes Kind kommen kann. „Spielt doch draußen bei dem schönen Wetter! Mir wäre es lieber, wenn heute niemand kommt, weil ich muss etwas arbeiten, während ihr spielt!" Daraufhin schlagen mir die Kinder vor, dass sie schon bereit wären, auch mal Freundinnen zu besuchen, weil dann hätte ich ja ganz meine Ruhe. „Nein, ihr wart jetzt die letzten Tage immer irgendwo, man muss ja mal gegeneinladen und das können wir heute nicht. Spielt doch einfach im Spielhaus im Garten!"

Beide Kinder sind sich jetzt leider sicher, dass das von mir gemein ist, und veranstalten eine Art Spontan-Demo in meinem Wohnzimmer. Mein Sohn legt sich dazu auf den Boden und schreit: „Gemein, gemein, gemein!" und meine Tochter steht zu einer Salzsäule erstarrt mit verschränkten Armen und Trotzschnute neben der Tür und kann mich anscheinend nicht mehr anschauen. Quasi wie Querdenkerinnen. Ich verstehe sie ja beide. Einerseits kann ich meinen Anblick auch nur selten ertragen, weil ich finde, dass der Alterungsprozess, seit ich 35 bin, galoppierend voranschreitet. Andererseits würde ich mich auch gerne so stark zurückentwickeln wie mein Sohn und mich auf dem Boden wälzen, weil mir alles zu viel wird.

Wie ein Mantra wiederhole ich noch einmal: „Geht jetzt bitte raus zum Spielen, Kinder!" Sie gehen beide hinaus. Meine Tochter macht dabei laute Unmutsgeräusche, mein Sohn kickt irgendetwas durch die Gegend. Sie sind raus.

Ich nehme meinen Kaffee, klappe meinen Laptop auf und versuche einen klaren Gedanken zu fassen. Da höre ich von draußen die unheilverkündenden Worte: „Lass mich, du blöder Arsch!", gefolgt von einem schlichten, aber deutlichen „I hass di, du Scheißgsicht!". Ich überlege kurz, ob ein erzieherisches Einschreiten jetzt vielleicht sinnvoll wäre, entscheide mich aber für stille Zurückhaltung, erfahrungsgemäß regulieren sich ja viele Streitigkeiten dieser Erde von selbst.

Klar, manchmal sterben dabei ganze Generationen aus und Länder werden faktisch unbewohnbar, aber so viel kriminelle und auch kämpferische Energie traue ich den beiden Kindergartenkindern noch nicht zu. Ich wende mich innerlich wieder meiner Arbeit zu. Doch leider geht derzeit im Garten eine Sirene los. Also, meine Tochter heult. Und mit Heulen meine ich das eher sehr laute klagende Heulen, das wirklich mehr einer Feuerwehrsirene als einem menschlichen Laut gleicht.

Ich schließe das gekippte Fenster, weil eh ein kleines Lüftchen geht, ich darf mich nicht erkälten. Aus dem Augenwinkel sehe ich, dass zwei Kinder einander durch den Garten jagen. Ich ziehe die Jalousie herunter: Sicher ist sicher. Nichts hören, nichts sehen.

Zwei wundervolle Minuten vertiefe ich mich in meine Arbeit und gerate sofort in eine Art Flow, aus dem ich jedoch abrupt wieder herausgerissen werde, weil ich plötzlich die Eingangstüre höre. Mist, ich hatte den Schnapper vergessen. Wie zwei Raketen fallen meine Kinder über das Wohnzimmer her und erzählen mir zeitgleich, wer angefangen hat. Ich hebe meine Hände zum Zeichen, dass Stille angebracht wäre, und meine Kinder verstehen den Wink leider nicht. Ein forsches „Stopp" hingegen zeigt Wirkung. Beide schweigen. Nur mein Sohn tritt meiner Tochter noch einmal gegen das Schienbein.

Es ist ein sehr emotional aufgeladener Moment, weil nun alle aus der Familie wissen, was vermutlich kommen wird. Und das ist eben das, was ich bei meinen Eltern schon zutiefst gehasst habe. Allerdings fällt mir mangels erziehungstheoretischer Bildung und Eltern-Sparringspartner auch nichts Besseres ein. Also mache ich es: Ich halte eine Predigt.

„Kinder. Was is …" Meine Tochter holt tief Luft und schreit: „Er hat angefangen!" Mutig, aber leider nicht effektiv. Ich setze meine Predigt fort. „Stopp. Kinder. Wos is los mid eich? Wissts ihr überhaupts, wie guat ihr es habts? Ihr könnts spielen, nichts macha, habts tausend Geräte, Spielzeich und Fahrzeich. Ihr habts Zeit, koa Verpflichtungen und an riesen Garten da draußt – warum könnts ihr ned einfach z'frieden sa?" Ich mache eine dieser theatralischen Pausen, ohne die Predigten einfach nicht funktionieren. Mein Sohn versucht es kurz mit „Aber Mama ...", aber nein.

Ich fahre fort. Im Stil einer Predigerin versuche ich an die innersten Werte der Kinder zu appellieren. „Lassts mi amal bloß zwoa Stund konzentrieren, dann kenna wir was Schöns kocha aaf d'Nacht. Als i a Kind war, war des immer das Allerschönste, wenn i einfach bloß spielen hob kenna. So schee werds es nie wieder ham in eiam Lem!"

„Wenn's später no schlimmer werd, als mit dem Blödi zum Spielen, dann will i eh ned groß wern!" Meine Tochter tritt ab – und ehrlich gesagt kann ich ihre Argumentation gerade sehr gut nachvollziehen. Ich pfeife sie aber zurück, schaue beiden tief in die Augen und sage: „Es is a Ruah etz. Ihr spielts etz!"

Mit hängenden Schultern schlurfen beide ab. Bevor die Haustüre hinter ihnen ins Schloss fällt, höre ich noch einmal: „Gemein!". Ich versuche wieder zu arbeiten. Kurz darauf klingelt es. Es ist ein Bekannter aus dem Dorf. Ob ich denn wisse, dass meine Kinder sich gerade im Garten prügeln würden, vielleicht sollte ich da mal schlichten. „Na, des mua i ned schlichten, weil des Freispiel is. Des is guad fia eana Entwicklung!" Der Nachbar wirkt etwas irritiert und winkt dann ab. „Du spinnst aso, Karlin. De haua si ja d'Kepf ei!" Ich schaue kurz zu meinen Kindern, die unter der Rutsche liegen und sich mit Sandspielzeug vermöbeln. „De spülln doch einwandfrei! So ham mir immer gspüllt früher! Wos is na do scho dabei? Außerdem mua i oaban!" Ich schließe die Haustür ohne zusätzlichen Gruß. Soll der

Nachbar nur allen erzählen, dass mein Mann zu Recht ausgezogen ist, weil ich einen Dachschaden habe. Aber ich habe halt außerdem auch eine Deadline. Und wenn ich nicht bald zum Arbeiten komme, dann kann uns der Nachbar den nächsten Monat durchfüttern.

Ich setze mich erneut an den Laptop – und wie durch ein Wunder werde ich nicht gestört, kann meinen Text fertig schreiben und mich danach selbst noch kurz in den Garten setzen. Als ich aus dem Haus komme, stehen meine Kinder ganz brav am Zaun und ratschen mit einer Nachbarin. „Die Mama is voll gstresst, weil die arbeiten mua. Und da miassn wir draußen bleiben und derfa ned ins Haus!", höre ich meine Tochter noch plaudern. „Ihr dürfts draußen spielen, meinst du!", rufe ich ihr zu und die Kinder laufen in ihr Baumhaus. Ich rede mit der Nachbarin über die Schönheiten des Elterndaseins. „Ja, deine Kinder haben schon erzählt, dass sie immer draußen sein müssen, wenn du arbeitest. Hast so viel zum Tun?" Ich beschließe heute Abend zu einer erneuten emotionalen Predigt anzusetzen und sage zur Nachbarin nur, dass die Kinder Quatsch erzählen. Jetzt wäre es aber Zeit für die Brotzeit, und daher wünsche ich noch einen recht schönen Tag. Servus.

Voller angestautem Ärger auf die Kinder klettere ich in das Baumhaus, um mit den Kindern ein versöhnliches Predigtgespräch vor dem Abendessen abzuhalten. Da höre ich aus dem Inneren des Baumhauses: „Also, i bin die Mama und i hob nie Zeit, weil i immer alles bis zum Schluss ausseschieb mit da Arbeit. Und dann arbeit i an zwoa Tog im Monat alles und drah total durch und bin voll grantig und g'stresst. Und du bist der Mo, der dann ausziagd!"

Freies Spiel, so gut ist es, haben sie gesagt. So wichtig für die soziale Entwicklung des Kindes wäre es, haben sie gesagt. Dass das freie Spiel auch eine gewaltige Watschen in Form eines Spiegels sein kann, der dir als Mama vorgehalten wird, das hat niemand gesagt.

„Und dann halt i dir so an langa Vortrag!", höre ich meine Tochter aus dem Baumhaus rufen. Nie wieder lasse ich die frei spielen. Da wäre ich ja schön blöd. Freies Spiel ist einfach gemein.

Backen

Ich war neulich beim Yoga und meine Yogalehrerin hat gesagt, dass wir einmal in der Woche achtsam wahrnehmen sollen, was wir alles an uns gut finden. Und das dann verinnerlichen.

Das war für mich eigentlich kein Problem. Gleich, wie ich aus dem Yoga rausgekommen bin, habe ich mich saugut gefühlt. Daheim habe ich mich vor den Spiegel gestellt und mich angeschaut und mir selbst gesagt: „Wahnsinn, schaust du heid guad aus!"

In dieser halben Stunde, bis ich ins Bett gegangen bin, hatte ich schon so viele Vorteile an mir aufgezählt, dass ich mir sicher war, wenn das so weitergeht, werde ich bis zur nächsten Yogastunde eine narzisstische Persönlichkeitsstörung entwickelt haben.

Aber was soll ich auch machen, ich habe einfach ein richtig gutes Bindegewebe, bekomme nie einen Pickel, wenn ich meine Periode habe, ich schaue gut aus, bin lustig und eine richtig gute Freundin. Meine Haare haben eine unglaublich interessante Farbe, vor allem, seit sich jetzt noch ein paar graue Haare mit reingemischt haben. Mit meinem Mann habe ich einen totalen Glücksgriff gemacht, weil ich einfach eine so unfassbar gute Menschenkenntnis habe. Wenn ich die Luft anhalte, habe ich fast ein Sixpack und ich kann ziemlich gut zeichnen. Während einer Grundkurs-Kunst-Schulaufgabe habe ich nicht nur für mich drei Zwiebeln mit Bleistift gezeichnet, sondern auch noch für zwei andere. Damit hatte ich mir satte 30 Mark und vier Cocktails verdient.

Überhaupt ist mein Geschäftssinn überragend und ich kann sogar Abseits erklären. Wenn ich ein Lied dreimal gehört habe, kann ich es auswendig, und meine Kinder lieben mich heiß und innig. Aber warum auch nicht. Immerhin bin ich die beste Mama auf der Welt und habe es erziehungsmäßig voll drauf.

Ich lese eigentlich alles von Jesper Juul, und andere Mamas schreiben mich um Rat an, wenn ihre Kinder in der Autonomiephase oder in der Pubertät sind. Und das, obwohl ich immer noch gefragt werde, wie ich so jung schon zwei Kinder haben kann. Und dann muss ich immer sagen, dass das täuscht, weil ich ja schon Ende 30 bin, aber halt immer noch so unverschämt jung ausschaue. Gute Gene. Und das alles trotz meines wahnsinnigen Pensums an täglicher Arbeit.

Meine Rosen sind die schönsten im Dorf, ich singe im Kinderchor mit und zwar „Ich wollte nie erwachsen sein" und bei mir gibt es bloß urgutes, gesundes Essen und das koche ich noch vor, damit auch immer was da ist, wenn ich von einem Acht-Stunden-Arbeitstag heimkomme.

Ja, ich war zufrieden mit mir, als ich eingeschlafen bin, und habe mit mir selbst vereinbart, dass ich die Liste dann morgen früh fortführe, weil das mit meinen ganzen Vorteilen jetzt einfach zu weit ginge. Da wäre ich ja noch ewig wach.

Am nächsten Tag wache ich auf und schaue auf mein Handy. Eine Nachricht aus der Kindergarten-WhatsApp-Gruppe: „Liebe Mamis, bitte bringt beim Sommerfest doch alle einen Kuchen mit. Die Liste hängt im Foyer aus. Bitte tragt euch ein!"

Meine ganze Achtsamkeit war mit einem Schlag beim Teufel. Weil Kuchenbacken, das kann ich nicht. Ich bringe meine Kuchenversuche oft einfach mit auf Parties, bloß dass alle sehen, dass ich es probiert habe. Und dann schmeiße ich den missglückten Teighaufen vor allen Augen weg. Meine Sahne wird immer zu Butter, mein Teig immer spintig, und mein Schokoguss verbrennt.

Bei dem Versuch Gelatine zu machen, habe ich mich schon einmal geschnitten und musste in die Notaufnahme, weil meine Gelatine scharf wie ein Diamant geworden ist.

Meine Kinder wünschen sich zum Geburtstag, dass ich ihnen keinen Kuchen backen soll, sondern lieber der Papa. Weil, der zaubert auch mal achtstöckige Schwarzwälder im Glas, wenn es sein muss.

Und jedes Mal, wenn so ein Kuchenaufruf kommt, frage ich mich, warum immer alle Frauen backen müssen. Warum muss man auch so eine Nachricht immer direkt an die Mamas richten? Und warum wird man mit verbrannten Fertigmischungsmuffins am Kuchenbuffet nicht genauso anerkennend behandelt wie mit einer Donauwelle? Wenn ich gewusst hätte, wie oft ich als Mama backen muss, hätte ich mir das mit dem Kinderbekommen noch einmal gründlich überlegt. Oder ich hätte erst einmal einen Backkurs an der Volkshochschule belegt oder ein Sabbatjahr in einer Pariser Zuckerbäckerei eingelegt, bevor ich in die Geburtsvorbereitung gegangen wäre. Weil ganz ehrlich: Es ist nach wie vor so, dass ich mich – hätte ich die Wahl zwischen einer weiteren Geburt und dem Backen einer Käsesahnetorte – immer und zu jeder Zeit für die Geburt entscheiden würde.

Aber es ist nun einmal nicht so. Ich werde weiterhin in WhatsApp-Gruppen direkt angesprochen, ob ich nicht einen Kuchen mitbringen könnte. Und so muss ich schon wieder meinem Mann, meiner Mama oder meiner Tante unzählige Gefallen im Austausch für einen Rührkuchen machen, weil ich erst beim letzten Kindergartenbuffet behauptet habe, dass der gekaufte Nusszopf eine riesige Arbeit war. Was auch zu großen Teilen der Wahrheit entspricht, weil ich recht weit zu einem entlegenen Bäcker fahren musste, weil die Nusszöpfe unserer ortsansässigen Bäckereien sind den Kindergarten-Mamas natürlich bekannt. Und so dumm bin ich auch nicht, dass ich mich da so deppert beim Lügen ertappen lasse.

Eine Woche später – beim Yoga – hat uns unsere Yogalehrerin gefragt, ob wir bei unserer Achtsamkeitsübung wahrgenommen haben, was wir gut können. Die Mama neben mir sagt, dass sie besonders gut backen kann, und dass sie beim Backen einfach alles vergisst.

Das war zu viel. Obwohl wir gerade erst eine Prana-Flow-Stunde hinter uns gebracht hatten, dass der karmische Rauch davonging, hatte ich sofort das Gefühl, dass meine innere Mitte von akuten Unwettern gefährdet war, die ich auch nicht mehr wegatmen konnte. Oder wegdehnen. Meine frisch erworbene fernöstliche Achtsamkeit wich einem ganz ordinären bajuwarischen Zorn. Ich war grantig.

Für meine ins Bodenlose tiefenentspannten Mit-Yogis muss es also umso verwirrender gewesen sein, als ich plötzlich aufgesprungen bin und der Backfee frontal ins Gesicht gebrüllt habe: „Na toll, drucks mir halt eine!" Es herrschte eine eher eisige Stimmung im Raum, als ich meine Matte gepackt habe und gegangen bin. Aber in so einer negativen Umgebung kann ich auch einfach nicht achtsam sein, weil ich das nicht ertrage.

Krank

Er niest schon wieder. Also, er hat geniest. Genossen. Warum das von Genossen kommt, mit dem Niesen – keine Ahnung. Wie das zusammenhängt, könnte ich vom Studium noch wissen, aber mir schwirrt leider auch schon wieder der Kopf, weil es mit mir gesundheitlich auch dahingeht. Seit Neujahr waren bei uns krank: mein Sohn, dann mein Mann, dann alle zwei, dann mein Sohn, dann mein Mann und jetzt mein Sohn. Ja, das ist der, der gerade geniest hat. Genossen. Wir sind vermutlich alle eher Leidensgenossen. Bis auf meine Tochter, die hat Abwehrkräfte aus Stahlbeton.

Ich gehe aber natürlich auch krank noch in die Arbeit. Ich muss ja eh schon haushalten – alleine mit meinen Kinderkranktagen. Weil, mein Sohn und ich haben ja miteinander immerhin zehn Stück.

Zehn Kranktage. Das bekommt er, wenn er gesundheitlich einen Lauf hat, auch innerhalb von zwei Wochen hin, und das Jahr hat eben 52 Wochen. „Sag halt, dass du krank bist, und nimm keine Kinderkranktage", sagt mir eine Freundin immer gern. Und ich entgegne ihr dann immer: „Super Idee, aber dann wird mir und meiner augenscheinlichen Top-Gesundheit halt der befristete Arbeitsvertrag nicht verlängert!"

Jetzt grade, wo ich so dasitze und genau merke, dass bei mir weder Ibuprofen noch Aspirin noch Paracetamol etwas richten können, frage ich mich, wie das zugegangen ist, dass wir – ein ganzes Menschenleben nach der Emanzipation – immer noch dumm angeschaut werden im Arbeitsleben, wenn wir ein kränkelndes Kind zu Hause haben.

Ich kann ja auch so viel dazu tun, dass mir mein Sohn gesund bleibt. Ich kann ihm ja ein Immunsystem anziehen, wie ein Faschingskostüm. Heute gehen wir mal als gesund in die Kita. Vollkommen logisch. Und seit der Pandemie sind alle ja noch viel vorsichtiger – und das zu Recht. Weil es eben auch ein totaler Mist ist, wenn man halbkrank in die Arbeit geht. Weil man alle ansteckt und es dann in der Abteilung nur so raucht von Krankheitstagen. Wir sind halt hier nicht bei „Survival of the fittest", sondern bei „Krankheit verbreite dich".

So ein krankes Kind kannst du dir als Mama ja nicht auf den Kopf binden und es herumtragen. Du kannst es nicht in eine Dusche voller Sanostol stellen und dann wird das schon wieder. „Das haben wir damals in den 80ern fei ned so zimperlich gehandhabt", höre ich dann von einschlägigen Ü-60ern. Und das ist eh mein Lieblingssatz aus der anderen Generation. Stimmt. In den 80ern habt ihr es nicht so zimperlich gemacht. Ihr habt uns aber auch nicht angeschnallt, nicht beaufsichtigt und uns mit fixen Fertigmischungen aufgezogen. Freilich, wir haben es alle überlebt und die, die es nicht überlebt haben, können es nicht mehr erzählen. Aber man könnte es als Menschheit vielleicht wenigstens minimal probieren, über die Jahrzehnte gescheiter zu werden. Bloß probieren vielleicht, dass es noch weiter geht mit der Evolution.

Ich möchte eben nicht, wie meine Oma, einen Korb mit meinem fiebrigen Säugling in einen Erdäpfelbiefing[6] stellen müssen und hoffen, dass er den Arbeitstag am Feld überlebt. Ich möchte auch nicht wegen jedem Mist Antibiotika geben und so tun, als wäre nichts. Und auch wenn ich nicht auf einem Kartoffelacker arbeite – sondern in einem Büro – kann und will ich mein Kind nicht krank rumziehen. Weder zur Oma noch ins Büro. Aber meine zehn Tage frei für Kinderkrankheiten sind eben schon voll. Und es ist Februar!

Und mehr als zehn Tage gibt es halt nicht. Da ist es egal, ob das Kind Bindehautentzündung hat oder Keuchhusten. Der 11. Tag ist nicht mehr drin. Und die Kollegin, die immer sagt, dass ihr Kind nie krank ist, und mir vor unserer Chefin fröhlich Gesundheitstipps für meinen Sohn gibt, die hilft mir auch nicht weiter.

„Ist ja praktisch, dass du auch krank bist, dann kannst du dir einen gelben Schein holen", schreibt meine Freundin wieder per

---

6   Die Kartoffelpflanze wächst bei uns in einem Biefing.

WhatsApp. Sie hat es immer noch nicht verstanden. Es ist mir aber zunehmend gleich. Mein Sohn niest schon wieder und ich spüre es sehr deutlich, dass wir uns jetzt wieder hinlegen müssen. Als ich gerade wegdämmere, bekomme ich einen Anruf aus den 80er-Jahren. Meine Mama ist dran: „Bist du nicht in der Arbeit?" „Na, wir sind krank!" „Mei, so oft wie ihr krank seid, das ist ja Wahnsinn! Sagt da deine Chefin nichts? Reiß dich halt zusammen und geh in die Arbeit!" „Mama, weißt was? Ich glaube immer mehr, das ständige Kranksein kommt vom Fix für Bolognese-Packerl aus den 80ern. Das hat meine Gene verändert, die für die Abwehr zuständig wären. Und jetzt brauche ich meine Ruhe. Du entschuldigst?" „Du bist nicht krank, du bist grantig!" „Servus, Mama!"

Grant in Beruf und Gesellschaft

Teflon

Ja, ich weiß. Ich schaue komisch.
Warum ich so seltsam schaue?
Ich mache gerade Beckenbodengymnastik.

Ja, ich dachte auch lange, dass das etwas aus dem Kurbereich ist – also Gymnastik in einem Schwimmbecken, in dem man noch Boden bekommt –, aber nein. Regelmäßige Beckenbodengymnastik ist quasi die körperliche Renteneinzahlung dafür, dass man später im Alter keine Einlagen für Blasenschwäche braucht.

Sie stärkt nämlich den Muskel zwischen Anus und äh – wie nennt man das? In Bayern sagen wir „Biesi" – vielleicht … Urinausgangsöffnung. Das Ganze stärkt aber nicht nur die Kontrolle über den Harndrang – nein, Beckenbodengymnastik erhöht auch das sexuelle Empfinden der Frau und macht sich beim Fortpflanzungsakt positiv bemerkbar, weil der Muskel dann auch für den Partner spürbar ist.

Wie die Gymnastik geht? Man kippt das Becken nach vorne unten und macht dann den sogenannten „Reißverschluss", das bedeutet, man zwickt nacheinander von hinten nach vorne zusammen und dann greift man mit der vordersten Öffnung eine Perle und versucht, die zu halten. Und dann lässt man alles ganz locker wieder nacheinander los.

Warum jetzt ausgerechnet eine Perle, das weiß ich nicht. Aber das ist halt so. Man muss ja nicht alles hinterfragen.

Warum das sinnvoll ist? Naja – das weiß man spätestens, wenn man mal mit einem schlechten Beckenboden niesen musste. Da kann es nämlich unter Umständen schon etwas feuchter werden im Schritt. Auf die schlechte Art.

Und wer will schon so aus der feuchten Wäsche gucken?

Überhaupt – es ist insgesamt immer weniger gesellschaftlich akzeptiert, wenn man seine Gesichtszüge nicht im Griff hat. Ich weiß das wirklich aus Erfahrung.

Wenn ich mich nämlich nicht total auf meine Gesichtszüge konzentriere und mich mit aller Gewalt zusammenreiße, dann kann eigentlich jeder an meinem Gesicht immer sehen, was ich mir gerade denke. Und das ist recht ungünstig. Weil ich mir eben meistens in der Öffentlichkeit nicht so perfekt gesellschaftlich korrekte Dinge denke.

Das war schon als Kind so: Ich konnte nie gut lügen, weil meine Backen sich rot gefärbt haben, weil ich unmerklich angefangen habe zu grinsen, wenn ich gelogen habe, und weil ich plötzlich einen flatternden Blick bekommen habe.

Ich bin einfach die schlechteste Gschau-spielerin der Welt. Ich spiele nicht mit meiner Mimik. Ich habe sie nicht im Griff – jeder Minimuskel in meinem Gesicht entgleist mir bei jeder Gelegenheit. Ist direkt verbunden mit dem Grollen in meinem Bauch, meiner Intuition und meiner Aufregung. Bei Langeweile ist mein Gesicht übrigens das langweiligste Gesicht überhaupt. Wie eine weiße Wand, die zu schwach ist, überhaupt zu schützen.

Wenn ich jemanden nicht mag, dann sieht man das sofort an meinem Gesicht – auch im tiefsten Novembernebel und bei absoluter Dunkelheit. Und auch der Begriff „Der böse Blick" handelt von mir. Ja, das wissen die wenigsten – aber wer mich einmal mit meinem Blick töten hat sehen, der wird es nie wieder vergessen.

Ich muss Menschen nicht sagen, dass sie mich am Arsch lecken können, ich muss sie nur anschauen und sie zerfallen zu Staub. Sie verlieren das Augenlicht. Sie fangen an zu weinen – sie hassen mich leidenschaftlich zurück.

Andersherum geht es auch. Bei der Liebe zum Beispiel.

Alle meine Freunde habe ich mir erschaut. Wenn mir ein Mann gefällt, dann schaue ich ihn nur an. Das ist mein Move. Ich kann einfach wahnsinnig gut schauen.

Also, wenn es mir gut geht. Wenn nicht, dann eben nicht.

Und obwohl ich solche anstrengenden Probleme mit meinen Gesichtsentgleisungen habe, habe ich trotzdem einen Job. Es ist aber halt nicht einfach.

Neulich hat jemand mit mir ein Problemgespräch geführt, weil ich immer so dumm schaue. „Eva, wenn du in dieser Welt überleben willst, musst du einfach ein wenig an deiner Mimik arbeiten. Du musst mehr werden wie Teflon. Man darf dir nicht alles ansehen – es gibt schon Beschwerden, weil man dir immer ansieht, wenn es dich ankotzt!"

Ich habe daraufhin erst mal lange nur geschaut. Lange.
Und dann habe ich mich still gefragt: „Und wo ist das Problem?"

Wenn es mich ankotzt, vielleicht ist es ja dann auch einfach scheiße? Vielleicht bin ich dann nicht zufrieden? Vielleicht passt dann etwas nicht? Vielleicht geht es mir dann nicht gut? Vielleicht gäbe es dann Redebedarf? Vielleicht hat es verdammt nochmal einen Grund, wenn ich dumm schaue?

Was wäre denn die Alternative? Soll ich schön schauen? Grundlos? Mir vielleicht bei Regelschmerzen zwei Buscopan alle zwei Stunden reinhauen, nur dass ich nicht so geschmerzt schaue? Weil es einfach wunderbar ist, wenn es uns jeden verdammten Tag immer gleich mittelmäßig geht?

Muss ich, um professionell zu sein, eine emotionslose Hülle werden, der man nicht einmal einen Blinddarmdurchbruch an der Mimik ansehen würde?

Ich würde das jetzt wirklich gerne wissen, wie soll das denn aussehen mit dem „Mimik im Zaum halten"? Soll ich, wenn mich jemand beleidigt, einfach Danke sagen und lächeln? Soll ich im Beruf fachliche Fehler einfach immer freundlich abnicken, bloß dass ich um Gottes Willen keiner oder keinem der Anwesenden den Tag verderbe?

Soll ich, wenn ich sehe, dass in der Arbeit irgendetwas nicht gut läuft, einfach sagen: „Es läuft nicht optimal, aber das bedeutet doch nur, dass wir noch Potenzial nach oben haben, und das ist ein großes Geschenk"? – Wie so eine Deppin?

Und soll ich immer, wenn ich wegen meiner Kinder bloß drei Stunden Schlaf bekommen habe oder wenn ein Mann einen Machospruch rauslässt, mich einfach den ganzen Tag ins Dumpfbacken-Nirvana weglächeln, weil ich sonst das empfindliche Chi meiner immer fröhlichen Umgebung störe?

Was ist verdammt nochmal die Empfehlung für jemanden, dem man seine ganz gewöhnlichen Emotionen am Gesicht ansieht, wie einem emotionalen Vollproll?

Was ist die Empfehlung für jemanden, der noch Angst hat, Gefühle nicht im Zaum halten kann oder an so einer schrecklichen Krankheit wie Empathie leidet?

Vielleicht ist in einer Welt voller emotionskontrollierter Roboter aus Teflon einfach kein Platz für einen emotionalen und unprofessionellen Gesichtsfasching wie mich?

Vielleicht ist aber auch Polytetrafluorethylen – also Teflon – einfach nur gesundheits- und umweltschädlich. Vielleicht sind wir auch nur eine verkorkste Gesellschaft, in der alle ihren Frust im Internet abladen, weil ansonsten von uns verlangt wird, dass wir aus Teflon sind.

Spoiler: Kein Mensch ist aus Teflon, niemand! Bevor ich aus Teflon bin, bin ich lieber angeschlagene Emaille. Bevor ich aus Teflon bin, bin ich lieber eine gut eingebrannte gusseiserne Bratpfanne.

Mit Patina, mit Kratzern, mit ein wenig angebrannter Zwiebel drinnen, vergessen oder übersehen seit den letzten Bratkartoffeln.

Das alles wollte ich in diesem Problemgespräch sagen.

Aber ich habe nichts gesagt zu der Person. Nichts. Weil – ich einfach nur Beckenbodengymnastik gemacht habe. Da lächle ich immer ein wenig. Thema erledigt. Teflongesicht. Und naja – vielleicht mache ich das jetzt einfach immer, fürs Teflongesicht. Ich bin natürlich immer noch genervt, aber ich stärke mich gleichzeitig.

Ich mache jetzt immer Beckenbodengymnastik – in Meetings, an der Kasse bei Edeka, im Auto, im Zug, beim Serienschauen und unter der Dusche.

Wenn mich etwas total aufregt, dann hebe ich jetzt erst mal eine Perle auf und merke sofort, wie mein ganzer Körper entspannt. Und ich denke mir: „Das ist es! Mit der Technik werde ich einfach die beliebteste Frau im Altenheim. Frauen mögen mich wegen meines Teflon-Gesichts und Männer wegen meines trainierten Beckenbodens!"

Und ich hatte es mir gerade so schön ausgemalt, da war dann plötzlich 2020 die Ministerpräsidentenwahl in Thüringen. Und ich war auf eine Weise angeekelt von dem Verhalten der FDP im Hinblick auf die AFD, dass Gesichtsentgleisungen mein geringstes Problem waren.

„Sind wir wirklich schon so weit?", dachte ich und mir war schlecht. Es war wieder wie damals, 1930 in Thüringen[7]. Irgendwie. Und dann, als ich wirklich gemeint habe, unser Land stürzt gerade ohne Halt in den Abgrund, verliert seinen Ethos und seine Demokratie – genau dann –, ist eine Frau vor die Kameras getreten und hat mir meine Hoffnung wieder zurückgegeben.

Susanne Hennig-Wellsow – Susanne Hennig-Wellsow hat Herrn Kemmerich, dem frisch gekürten Ministerpräsidenten, der mit Stimmen der AFD und der FDP gewählt wurde, nicht gratuliert, nein. Sie hat ihm einen Blumenstrauß vor die Füße geworfen, wie einen Haufen Dreck.

Sie hat den Strauß nicht geworfen, weil sie eine schlechte Verliererin war. Nein, sie hat den Strauß geworfen als Fehdehandschuh – als Zeichen. Sie hat den Strauß für dich genauso geworfen wie für mich. Es war ein Symbol. So wie Rosa Parks – die irgendwann mal auf die Aufforderung zum Umsetzen im Bus gesagt hat: „Na, mache ned!" und damit im Endeffekt die Rassentrennung in den USA beendet hat.

Und bevor jetzt eine Diskussion über Parteizugehörigkeiten und Anstand losgeht: Es hätte mir im Falle von Susanne Hennig-Wellsow nicht egaler sein können, ob sie bei der CDU, bei den Grünen, der SPD oder den Linken war. Und auch Anstand und Höflichkeitsformeln sind für mich an manchen Stellen absolut obsolet. Klar, Höflichkeit kann eine Geste sein. Die bewusste Entziehung der Höflichkeit

---

7   Baum-Frick-Regierung

aber auch. Richtig gesetzt, in einem wohl gewählten Moment, entfaltet dieser Höflichkeitsentzug die grenzenlose Kraft des Grants. Das Hinschmeißen als innere Haltung. Als Ausdruck der höchsten vorstellbaren weiblichen Grantstufe. Ich kenne das. Ich habe selbst schon geworfen. Blumenstöcke, Fernbedienungen, ein gefülltes Glas und eine Videokassette. Dabei ging es immer um den Wurf, niemals um das Verletzen. Mit dem eigenen Arm das Problem – sinnbildlich dafür halt einen Blumenstrauß, einen Geranientopf oder Geschirr – einfach möglichst weit vom eigenen Körper wegbefördern. Oder fallen zu lassen. Zu riskieren, dass das Problem – oder der Geranientopf – brechen könnte. Und daraus könnte etwas Neues entstehen. Eine Idee, ein neuer Weg. Das wusste schon Leonard Cohen, dass das Licht, die Erleuchtung, immer durch die Risse in den Biographien in den Menschen gelangt. Da braucht es manchmal den unrühmlichen Grant, die Geste, die niemanden verletzt, den Wurf.

Für mich hat Susanne Hennig-Wellsow die Phase beendet, in der ich auf der Arbeit aus Teflon sein muss. Sie hat die Phase beendet, in denen wir uns mit Extremen unterhalten müssen, um offen zu sein. Sie hat mir mit dieser symbolischen Handlung gezeigt, dass es unser aller Auftrag ist, das zu machen, was wir können, dass dieser faschistische und rassistische Spuk in diesem Land endlich ein Ende hat. Und mein Beitrag ist das Schreiben.

Weil sonst kann ich ja nicht viel. Aber wenn ich es gekonnt hätte, ich wäre in dem Moment des Blumenstraußwurfes so gerne in diesen Fernseher eingestiegen und hätte diese Frau umarmt. Oder selbst einen Blumenstrauß geworfen. Bouquet-Drop. Wie stark!

Und mir wurde klar: Ich brauche kein Gesicht aus Teflon und ich mache meine Beckenbodenübungen nicht für eine entspannte Mimik – nein. Was ich brauche, ist Rückgrat, Haltung und ein Beckenboden aus Stahl. So wie Susanne Hennig-Wellsow.

Und im Gedenken an Susanne Hennig-Wellsow und ihren Beckenboden aus Stahl mache ich meine Übungen jetzt so: Ganz langsam von hinten zum Rednerpult vorgehen – Blumenstrauß halten – Blumenstrauß fallen lassen und ganz langsam zum Platz zurückgehen.

Aber Sie sind doch eine Frau?

Wenn ich nach acht Stunden Arbeiten und zwei Stunden An- und Abreise von der Arbeit nach Hause komme, ist mein Mann, der ist Lehrer, trotz Nachmittagsschule schon gerne mal zu Hause. Vielleicht habe ich noch eine Überstunde machen müssen, vielleicht war ich im Stau.

Vielleicht war ich noch kurz beim Einkaufen – bloß ein paar Sachen, die wir dringend brauchen. Für hundert Euro.

Weil er ein pragmatischer Kerl ist, macht mein Mann auch manchmal die Wäsche, wenn er heimkommt. Einfach so. Und weil ich halt nicht dazu komme und er nicht nackt in die Arbeit gehen will. Ich weiß, erstaunlich.

Jetzt ist es natürlich so, dass unsere Kinder entweder direkt vom Kindergarten kommen, oder sie waren überbrückungsweise bei den Omas, weil das mit den Buchungszeiten und dem Vollzeitarbeiten nicht überall gleich hinhaut.

Mein Mann steht also zwischen zwei überdrehten Kindern, die derzeit als allerliebstes Hobby „Streit" haben, und sortiert bergeweise Wäsche vor. Weil das zweitliebste Hobby der Kinder ja „Dreck" ist.

Und es kann dann schon mal vorkommen, dass er übersieht, dass da eine blaue Socke in der weißen Wäsche ist. Logo. Es kann aber auch vorkommen, dass er übersieht, dass die Katze in der Waschmaschine sitzt. Ist weniger klar. Ist aber leider so passiert.

Ob der Franz II. – unsere Katze – da jetzt überlebt hat oder nicht, auf diese tragischen Details möchte ich jetzt überhaupt nicht eingehen. Aber was mich so dermaßen rasend macht, ist, dass die erste Reaktion auf die Tatsache, dass mein Mann unsere Katze mitgewaschen hat, ist, dass niemand glauben kann, dass er bei uns die Wäsche macht. Man möchte fast sagen: Leute, ich habe ihn ja jetzt nicht mit dem Waschbrett an der Donau ausgesetzt. Er sitzt lediglich bei uns im Waschraum und wirft eine Maschine an. Mit Wäsche, die er genau so dreckig gemacht hat wie ich.

Also, ganz egal, ob die Katze tot ist – mein Mann macht die Wäsche und das besprechen jetzt alle. Alle aus der Generation, die in den 60er-Jahren noch die BHs verbrannt hat, als gäbe es kein Morgen. Freilich – Verbrennen ist auch eine Lösung für dreckige Wäsche, aber halt nicht nachhaltig.

Und was die Ex-68er alles in dem Zusammenhang dahergebracht haben argumentativ! Es wäre doch überhaupt so, dass ich als Frau besser multitasken könnte, und ich hätte doch eher gemerkt, dass die Katze in dieser Maschine sitzt.

Ja, das kann schon sein, aber ich kann halt die Maschine nicht von der Bundesstraße aus anwerfen, wenn ich nicht zu Hause bin, dann bin ich nicht zu Hause. Naja, aber das wäre ja überhaupt die Frage, warum ich denn erst so spät heimgekommen wäre. Und warum mache ich denn eigentlich „meinen Haushalt" nicht gleich am Wochenende, wie alle anderen auch? Oder halt, wenn ich mal frei habe?

Solange ich solche Sätze hören muss, braucht mir niemand mehr damit kommen, dass Frauen und Männer gleichberechtigt seien.

100

Weil das doch zu meinem Papa nach acht Stunden Arbeit nie jemand gesagt hätte: „Sepp, warum machst du denn deinen Haushalt nicht auch noch am Wochenende?" Zu meinem Papa hätte doch auch niemand gesagt, dass er häufiger bügeln müsste, und vor allem hätte zu meinem Papa nach einem vollen Arbeitstag niemand gesagt: „Warum lässt du denn deine Frau waschen?"

Und überhaupt – welche Antworten erwarten denn alle auf diese Fragen?

Was wollen die hören? „Ich lasse meinen Mann die Wäsche machen, weil ich ihn gerne quäle." Oder: „Ich bin einfach nicht so eine gute Hausfrau und Mutter wie alle anderen und versage darin, Vollzeit zu arbeiten und gleichzeitig noch Wäsche zu waschen! Ich gebe es zu!"

Die Antwort, die ich den Menschen dann gebe, gefällt ihnen meistens nicht: „Ich lasse meinen Mann die Hälfte erledigen, weil ich ein Mensch bin, genau wie er. Weil ich 24 Stunden an einem Tag zur Verfügung habe und acht Stunden Schlaf brauche, wovon ich – dank der Kinder – ungefähr fünf bis sechs Stunden bekomme.

Und weil ich nicht zaubern kann, nicht weniger arbeiten will und nicht einsehe, warum wir in einer Familie nicht zusammenhelfen sollten? Warum sollte denn ein Mann am Wochenende immer seinem Hobby nachgehen, während die Frau jeden Mist erledigt, der unter der Woche liegen geblieben ist?"

Warum ist die Emanzipation eigentlich auf halber Strecke stehengeblieben? Die Emanzipation ist schlechter beieinander als mein Beckenboden, und ich muss in der Nacht fünfmal aufs Klo. Warum dürfen wir jetzt zusätzlich zum Haushalt und den Kindern auch noch arbeiten? – Ich meine, schlimmer war es ja im Mittelalter auch nicht.

Bloß, dass ich halt jetzt nicht mehr den zehnten Teil des Verdienten an meinen Lehnsherren abgeben muss. Jetzt gibt es nur noch einen Steuersatz und der ist ja immerhin fürs Gemeinwohl. Für Kitas, die uns nicht nehmen, für Kindergärten, die zu früh zu machen, und für ein Verkehrssystem, in dem sie mich ständig blitzen, weil ich immer zu spät dran bin. Weil ich will ja heim – den Mann entlasten, oder in die Arbeit und was leisten. Und am allerliebsten würde ich mit dem Bus oder Zug in die Arbeit fahren und mich etwas ausruhen während der Fahrt, oder etwas lesen. Aber leider gibt es dahin, wo ich wohne, keine Busverbindung, die für meinen Job passen könnte.

Die nächste Generation ist übrigens bei dem Thema schon weiter – meine Tochter hat neulich mit einer Freundin Familie gespielt und war die Mama. Ihre Freundin war der Papa und hat gesagt: „Du musst die Küche aufräumen und die Wäsche waschen!" Und meine Tochter hat ihr geantwortet: „Stress dich nicht so, wir können auch erstmal einfach jeder machen, was wir wollen. Dann treffen wir uns später und machen den Haushalt gemeinsam!" Fall erledigt. Waschmaschine zu, Katze tot.

Halbtags

„Da machst du mal einen schönen Halbtags-Job. Sowas wie Grundschullehrerin!" „Aber Mama, Grundschullehrerinnen müssen ja auch vorbereiten oder korrigieren…" „Ach geh, das kann man ja abends machen. Und dann hat man nachmittags immer Zeit für die Kinder und den Haushalt!"

Das hört sich traumhaft an: Man unterrichtet den ganzen Tag irgendwelche fremden Kinder, holt die eigenen Kinder, fährt nach Hause, kocht, macht Haushalt, schlichtet Kinderstreit, macht Abendessen oder Brotzeit, bringt übermüdete Kinder ins Bett und man darf

102

dann – zur Belohnung – noch korrigieren und vorbereiten. Ja, Spitzenvorschlag. Bin überzeugt. Nicht.

Leider ist mir das im Vorfeld meines Lehramt-Studiums nicht aufgefallen. Vielleicht, weil ich immer gedacht habe, dass ich mit meinen Kindern ja mal keine Probleme haben würde. Oder weil ich mich immer ein wenig überschätzt habe. Oder weil ich dachte, meine Beziehung wäre anders. Auf jeden Fall bin ich jetzt Grundschullehrerin. Und ich weiß, was Sie jetzt denken: Lehrerinnen haben die schlimmsten Kinder. Das kann sein. Vielleicht habe ich aber auch gerade mit einer Mutter im Elternsprechtag sehr lange im Kreis darüber gesprochen, warum das Gymnasium für ihr Kind nicht gehen wird. Und vielleicht mache ich mir große Sorgen um ein anderes Kind, deren Elternhaus sehr instabil scheint, und das jeden Tag ohne Pausenbrot in die Schule kommt.

Und wie es mir geht? Ich bin in letzter Zeit ein wenig müde. Nicht wirklich wegen Schlafentzug, sondern so generell. Vom Leben. Naja, nicht lebensmüde. Eher so, dass ich manchmal daliege und mir denke: „Ja, pfeilgrod[8]. Ich bin jetzt alt!"

Ich liege dann so da und denke mir: „Wie soll ich das alles hinbekommen? Wieder mal bis nachts um zehn Lernzielkontrollen korrigieren? Einen Tag mehr schauen, dass ich rechtzeitig aus der Schule rauskomme, um meine Kinder abzuholen? Wie soll ich noch einen Tag schauen, ob meine Kinder alles fertig haben für morgen, nur damit ich dann noch mal was vorbereiten kann? Und wie soll ich noch ein Gespräch mit der überambitionierten Mutter machen, die aus ihrer klar künstlerisch veranlagten Tochter eine Physikerin machen will?

---

8   Pfeilgrod bedeutet sowas wie Tatsache.

Andererseits, wenn ich jetzt selbstständig wäre, müsste ich jetzt vielleicht Umsatzsteuer machen oder schauen, wo der nächste Auftrag herkommt. Ich müsste meinen wohl immer wieder traurigen Kontostand betrachten oder Ideen pitchen vor irgendwelchen Leuten, die mich schon nicht leiden konnten, als ich zur Tür reingekommen bin.

Eine Freundin ist selbstständig und alleinerziehend, ihre Katze hatte eine Scherbe im Fuß und die OP und die Nachuntersuchung haben sie mehr gekostet, als sie in den zwei Wochen davor netto verdient hat. Die Kraft hätte ich gerade nicht. Ich schlafe auch so nur noch mit CBD-Öl und einem Glaserl Weißwein. Traurig irgendwie.

Und wenn ich in einem Büro wäre, dann müsste ich die ganze Zeit mit Kolleginnen zusammenarbeiten, die ständig alle übereinander reden. Und hätte vielleicht noch eine besonders eifrige Kollegin immer an den Hacken, die meinen Job will. Und ich würde da natürlich acht Stunden vor Ort sitzen. Aber so wie es mir jetzt geht, geht es auch nicht weiter.

Wie soll ich noch weiter Zeitung lesen, Facebook-Kommentare ertragen, politische Debatten im Fernsehen anschauen und von den Elternvertretern die ganze Zeit irgendwelche tollen Einfälle der Eltern weitergeleitet bekommen?"

Ich krieg das aber gerade nicht hin. Ich bin müde. Ich weiß, es ist in unserer Gesellschaft nicht anerkannt, wenn man das so sagt. Und ich ahne es schon beim Schreiben dieser Zeilen, dass ich unzählige Tipps für Therapien, Entspannungsrituale und Coaches bekomme. Aber das Ding ist, dass es einfach ist. Ganz simpel: Ich bin einfach nur müde.

Es mag sein, dass es diese eine Mama von diesem einen Kind aus meiner Klasse, die immer etwas überpünktlich mit weißen flotten

Blusen erscheint, hinbekommt. Aber ich, ich bekomme es nicht hin. Ich weiß nicht, ob es die Scheidung vor ein paar Monaten war, die Pandemie oder auch einfach das ganze Leben so die letzten Jahre, dieses stete Funktionieren. Dieses: Leben fürs Wochenende, für die Ferien. Dieses: hier mal ein Gläschen, da mal ein Gläschen. Dieses: Reden mit anderen Menschen.

Ich weiß nicht, ob es die Macken meiner Kinder sind, dieser ständige Kontakt mit Eltern oder meine Schüler. Der streckenweise sinnlose Lehrplan, die unmotivierten Kolleginnen oder auch einfach nur mein Alter. Vielleicht bin ich auch krank? Ich weiß es nicht.

Ich möchte jetzt einfach mal fünf Minuten nichts machen.

Keine Tipps.

Keine Selbstoptimierung. Kein „Du, ich kenne das – das war bei mir mal ganz genauso, dann habe ich das Pülverchen XY genommen, eine kleine Aufbaukur, und dann ist das wieder gegangen!"

Bitte nicht.

Ich möchte keine Freundinnen, die zu mir sagen: „Was meldest du dich denn so selten, komm halt mal wieder zu uns! Wann kochen wir denn mal wieder was miteinander? Unsere Kinder fragen schon dauernd nach deinen. Wann hast du denn wieder mal Zeit?"

Nein, bitte keinen Freizeitstress.

Ich möchte mal eine Woche keine Sorgen haben. Nicht überlegen müssen. Nichts.

Die alleinstehende und selbstständige Freundin ist eigentlich die Einzige, die ich manchmal noch anrufe. Sie hat mir neulich gesagt, dass sie mal eine Woche keine Sorgen haben will. Sie will nicht überlegen müssen, wie es ihr in drei Monaten finanziell geht, und sie möchte nicht ständig, wenn sie ewig antwortet, wie es ihr geht, hören: „Aber weißt du, in Deutschland sind wir ja eh noch privilegiert. Es geht dir ja gut. Beschwer dich mal nicht!"

Und das kann ich absolut verstehen. Ich habe zwar die finanzielle Sicherheit, ich möchte aber auch einfach mal sagen können, dass es heute eben nicht so optimal ist, weil ich müde bin. Und das möchte ich dann einfach so stehenlassen können. Ich will nicht, dass das dann vom Umfeld sofort beschönigt oder mit einem lausigen Tipp weggeschoben wird. „Was, du bist müd? Schlaf halt!" Wow, danke! Oder: „Was? Du bist müd? Aber du bist doch eh Beamtin! Du schläfst doch in der Schule schon die ganze Zeit!" Ja, da fühle ich mich verstanden und gesehen, bei solchen Kommentaren.

Ruhe, das passiert einfach nicht. Weil wir uns immer alle sehr gerne übergriffig in andere Leben einmischen müssen, Meinungen dalassen und Gefühle von anderen nicht gelten lassen können. Neulich sagt jemand zu mir: „Ach, du hast es schlau gemacht, hast einen Halbtags-Job, das macht einiges leichter!"

Ja, das kann schon sein. Aber es kann halt auch sein, dass halbtags bei einer Alleinerziehenden und vielleicht auch bei vielen Müttern in Beziehungen immer Vollzeit ist, weil daheim ja nicht der Liegestuhl auf mich wartet, sondern mein eigentliches Leben. Und ein Haufen Arbeit.

So, mir geht es jetzt schon besser. Ich bin nicht mehr ganz so müde und weniger grantig. Manchmal tut es gut, wenn jemand zuhört. Auch wenn es nur über ein Buch ist. Haben Sie eigentlich so ein überfordertes Elternteil in ihrem Bekannten- und Freundeskreis? Wer könnte müde sein? Wer könnte überfordert sein? Geben Sie der Person keine Tipps. Sondern hören Sie mal kurz zu. Nehmen Sie sie in den Arm. Schenken Sie vielleicht als symbolische Geste einen kleinen Gutschein. Zum Beispiel für eine Massage.

Weil es uns nämlich allen einmal guttäte, das Herz auszuschütten und Verspannungen zu lösen. Mit oder ohne den Halbtags-Job, den sich Mütter so für ihre Töchter wünschen.

Was sagt dein Mann dazu?

Seit ich denken kann, bin ich berufstätig. Voll. Ich arbeite selbstständig, angestellt – alles. Und meine Eltern helfen mir bei der Kinderbetreuung. Und meine Schwiegereltern. Und meine Tante. Der Kindergarten und natürlich mein Mann.

Moment – hilft mein Mann mir bei der Kinderbetreuung? Oder teilen wir uns das Glück der Erziehung einfach? Wir teilen es uns. Mein Mann und ich, wir teilen uns die Tage, an denen wir uns um die Kinder kümmern. Wir teilen uns die Abende auf, an denen wir zu Hause sind, und wir betreuen auch manchmal die Kinder unabhängig voneinander. Quasi jeweils ein Kind. Ich meine, das funktioniert bei uns so. Ehe, das ist für uns ja letzten Endes die Zeit, in der wir am Sonntagabend zu Tatort die kommende Woche planen.

Natürlich machen wir auch Sachen gemeinsam. Wir waren im letzten Jahr immerhin einmal alleine beim Essen und danach im Kino. Aber in einem Supermarkt sind wir quasi nie miteinander. Zwecks der Taktung. Es muss ja immer alles optimiert sein.

Mein Mann und ich, wir sind eingespielt, wie der FC Bayern in seinen besten Zeiten, und es ist auch tatsächlich so, dass jeder und jede von uns frei entscheidet, wie er oder sie zum Beispiel so einen Einkauf gestaltet. Mei, vielleicht schreibe ich mal eine Nachricht, in der steht: „Vergiss das Rohrfrei nicht", aber ansonsten glaube ich weitgehend an meinen Mann und seine organisatorischen Fähigkeiten, an sein Dasein als Erwachsener, sodass ich mir denke: Er schafft es. Er bekommt das hin. Er geht jetzt auf kürzestem Weg in den Supermarkt und erledigt einen astreinen Einkauf. Wie ein echter Held des Alltags. Er zieht es durch.

Trotzdem werde ich, seit ich mich entschieden habe, mein Leben als berufstätige Mutter zu bestreiten, immer wieder gefragt: „Und, was sagt da etz dei Mo dazua?"

Ich weiß gar nicht, was mich an der Frage so aufregt. Eventuell ist es die Tatsache, dass es ja um mein Leben geht und mein Mann mir ja keine Erlaubnis für irgendeinen Job geben muss. Und auch nach längerer Überlegung mit meinem Mann ist uns kein Moment eingefallen, an dem er irgendetwas dagegen gehabt hätte, dass ich arbeite. Es war immer ok für ihn, dass ich genau das mache, was ich gerne tue: Arbeiten. Ich meine, ich bin ja jetzt nicht schlimm süchtig nach irgendetwas, was die Finanzen unserer Ehe total durcheinanderbringen würde. Ich verkaufe ja jetzt nicht unsere Möbel oder bringe meinen Ehering zum Pfandleiher, nur, damit ich arbeiten kann.

Ich mache nur das, was ich kann und mag, und es soll sogar Frauen geben, die arbeiten müssen, weil es sonst hinten und vorne nicht zum Leben reicht. Aber lustigerweise scheint es für viele Leute eine ganz normale Frage, ob der Mann zum Berufsleben der Frau eine Meinung hat. Dabei sollte es doch auch normal sein, dass ein Ehepartner seine Partnerin bei allem unterstützt, was sie machen will. Und wenn das nicht so ist, ist das vermutlich auch nicht etwas, was man irgendwelchen entfernten Bekannten auf einer Grillparty erzählt. „Und was sagt dein Mann zu deiner Arbeit?" „Ach, du – der hasst das. Wir stehen kurz vor der Scheidung. Ich weine jeden Tag deswegen. Und wie geht es deinen Kindern?"

Das will doch niemand hören! Warum hat eigentlich mich noch nie jemand gefragt, was ich zu seinem Job so sage? Das war bisher wirklich allen exakt egal. Aber mein Job scheint alle brennend zu interessieren.

Wobei mir auffällt, dass mich hauptsächlich Frauen fragen, was mein Mann so zu meiner Lebensgestaltung sagt. Und das hat mich gewundert. Aber das hat vermutlich mehrere Gründe. Einerseits – wo würden wir denn hinkommen, wenn auf einmal jede Frau machen würde, was ihr Spaß macht und was sie gut kann! Das wäre ja dann vermutlich eine echte Gleichberechtigung? Ja, wollen wir das eigentlich? Sind wir uns da ganz sicher? Bisher war es doch auch nicht so schlecht. Zumindest, seit wir wählen dürfen als Frauen. Das ist jetzt gerade mal so hundert Jahre her. Und seit Mitte des letzten Jahrhunderts – nein, nicht irgendwann 1850, sondern seit 1977 – dürfen Frauen in Westdeutschland ohne Mitspracherecht des Mannes arbeiten.

Aber da scheinen sich manche eben noch nicht so sicher… Hat es das wirklich gebraucht? Diese Unabhängigkeit? Statt selbst mal etwas zu wagen, lieber andere Frauen, die von dieser absolut verdienten Freiheit Gebrauch machen, etwas subtil kritisieren. Weil eine glückliche, erfolgreiche und ausgeglichene Frau, das ist verdächtig! Da stimmt doch was nicht!

Andererseits kann diese Nachfrage auch weniger an internalisiertem Frauenhass liegen, sondern eher daran, dass wir Frauen natürlich wissen, dass Männer sich gerne ungefragt einmischen.

Und daher gehen die, die mich fragen, was mein Mann zu meinem Beruf sagt, halt eventuell davon aus, dass meiner einer von den vielen Männern ist, der zu allem eine Meinung hat. Diese Eigenschaft hat gesellschaftlich korrekt in der Alltagssprache sogar einen griffigen Begriff erhalten: Mansplaining.

Und wenn man mal ganz genau hinhört und aufpasst, dann ist Mansplaining wirklich allgegenwärtig. Gestern erst hat mir ein Mann erklärt, dass ich doch früher ins Bett gehen solle, weil bei mir so spät immer noch Licht brennt. Dass er eigentlich überhaupt nicht wissen kann, ob ich überhaupt noch wach bin, ob ich das Licht vergessen habe, ob mein Mann wach ist und was so spät nachts überhaupt los ist bei uns, das hat er einfach ausgeblendet. Nicht im Traum würde es mir einfallen, mich für den Schlafrhythmus anderer Leute zu interessieren. Aber Männer, Männer tun das einfach.

Männer verteilen ihr Wissen überall! Männer haben mir schon erklärt, wie ich mich während meiner Periode zu fühlen habe, sie haben mir schon gesagt, welche Klamotten ich tragen soll, damit sie nicht „durcheinander" gebracht werden von meinen Sommerkleidern. Männer haben mir schon gesagt, was ich zu wählen habe und ein besonders dreister Mann hat mir im Bus mal gesagt, wie ich mein Baby halten muss.

Neulich hat mir ein Bekannter bei einem Bier erklärt, was ein Vokuhila ist. Also die Frisur: vorne kurz – hinten lang. Er hat mir erklärt, dass die Frisur auf Englisch „Mullett" heißt und es sogar Treffen von Liebhabern dieser Frisur gibt.

Ich habe selbst einen Vokuhila. Ich hatte einen zwischen vier und sechs, ich hatte einen zwischen 21 und 25 und ich habe jetzt einen. Und nach all diesen Jahren mit dieser Frisur auf dem Kopf gerate ich tatsächlich – ziemlich viele Hundert Jahre nach Christi Geburt – einem bekannten Vokuhila-Fan in die Fänge – einem Mann, der mir meine eigene Frisur erklärt.

Ich meine, was soll ich jetzt machen? Ihm seine fliehende Stirn erklären? Ist er Friseur? Soll ich einen Termin mit ihm ausmachen? Hat er einen Doktor in Dauerwelle? Was ist los?

Überhaupt: Warum kommentieren Männer ständig unsere Frisuren, Klamotten und Autos? Wird ihnen das irgendwann einmal beigebracht? Ich kommentiere nie, aber wirklich nie den Kurzhaarschnitt eines Mannes. Es ist mir auch egal, wenn Männer furchtbare Flip-Flops zu kurzen Hosen im Sommer anhaben und ihre behaarten Unterschenkel daraus hervorragen, wie wurzelumrankte Überbleibsel einer Moorleiche. Ich sehe das, ich mag es nicht, aber ich sage keinen Ton. Nichts. Weil ich nicht beleidigen muss – und weil ich ja mit diesen haarigen Beinchen nichts zu tun habe. Gott sei Dank.

Meinen Bekannten mit der Vokuhila-Erklärnummer habe ich dann angeschaut und gesagt: „Merci, dass du mir das jetzt endlich erklärt hast. Weil ich dummes Weib würde ja ansonsten nicht mal wissen, was ich da seit einem halben Jahr auf dem Kopf habe. Du bist einfach a ganz a Gscheiter!"

Der Bekannte war kurz verunsichert wegen der Ironie. Für eine Sekunde hat er geschaut wie ein Hund, der auf ein Leckerli als Belohnung hofft. Und hat dann aber ein selbstzufriedenes Lächeln aufgesetzt und weiter sein Bier getrunken.

Ich weiß nicht, ob er die Ironie überhaupt geschnallt hat. Und wenn doch, konnte er trotzdem lächeln. Warum? Ja, weil er wusste, dass – selbst wenn ich kurz mal ironisch war – die Welt halt immer noch auf seine Seite und die seiner Geschlechtsgenossen hängt. Und wenn wir als Frauen das noch weiter geschehen lassen, Angst haben vor einem Emanzen-Stempel und vor den neuen Möglichkeiten, dann wird das wohl auch noch lange so bleiben.

Ich dachte kurz an meine Tochter. An alles, was ich ihr noch gerne ersparen würde. Und dann dachte ich mir, dass es vielleicht noch wichtig wäre, dem Bekannten gegenüber noch eine klitzekleine Sache anzumerken, was ich dann auch tat: „Und ein riesiger Depp bist a!" Vielleicht war das ein Migränetag (siehe Seite 43!)

Und genau das ist vermutlich auch die einzige sinnvolle Antwort auf diese notorische Frage: „Und? Was sagt etz dein Mann zu deinem Job?" „Nix, weil er kein Depp ist!"

Wenn Liebe scheitert

Neulich hat eine Freundin zu mir gesagt: „Weißt du, man ist ja erst so richtig traurig, wenn man die Augen mit zwei Löffeln runterkühlen muss!"

Ich habe meine Freundin recht lange in den Arm genommen und sie hat geweint. Nein, sie ist nicht krank. Es ist auch niemand gestorben. Sie ist psychisch nicht labil – also so ganz grundsätzlich – und eigentlich ist ihr Leben wirklich solide aufgestellt. Aber ihre Ehe leider nicht.

Nein, es gibt eigentlich keinen konkreten Grund und keinen bestimmten Anlass – obwohl immer alle danach fragen. Seit klar ist, dass sie und ihr Mann sich trennen werden, suchen nur leider alle um sie herum nach dem eigentlichen Punkt, an dem die Liebe gestorben ist.

Aber diesen Punkt gibt es halt nicht.

Natürlich holt jede und jeder von uns gerne die Lupe und die Kappe aus dem Schrank und untersucht, pedantisch wie ein kleiner Hobby-Sherlock, woran die Beziehung der Nachbarn, der Kollegen, der anderen Kitaeltern oder der Verwandten gerade scheitert. Aber es bringt einfach niemandem etwas.

Es ist für das Umfeld schwierig zu akzeptieren, dass der eine Grund nicht existiert, dieses eine Versagen, welches alles Übel verursacht hat.

Weil – vermutlich war es eben nicht entscheidend für die Ehe meiner Freundin, dass sie einmal alleine auf eine Berghütte gefahren ist für eine Woche und ihren Mann und die Kinder in München gelassen hat, so wie manche jetzt vermuten. Auch dass sie viel gearbeitet hat, einen Kurzhaarschnitt hatte seit drei Jahren und dass sie nicht zu seinen Basketballspielen mitgegangen ist, war wahrscheinlich am Ende nicht ausschlaggebend.

Und ob er jetzt eine Affäre hatte oder grundsätzlich muffelig war, ob sie sich jemals wirklich geliebt haben, ob sie eigentlich von Grund auf zusammengepasst haben, ob die Ehe offen war oder nicht – all das spielt überhaupt keine Rolle, wenn Liebe scheitert. Aber das kapieren viele eben nicht. Gerade geistige Tieffliegerinnen und Freundinnen der Missgunst können das nicht ruhen lassen. Und das macht mich so zornig.

Ich weiß nicht, ob das die Lesenden nachvollziehen können, aber es hilft Menschen, die sich trennen, wie meine Freundin, wirklich nicht, wenn penibel jede eheliche Handlung der letzten Jahre besprochen und kommentiert wird. Und man kann auch das Scheitern der eigenen Ehe oder Beziehung nicht verhindern, wenn man weiß, woran eine andere zugrunde gegangen ist. Weil wir alle einfach verschieden sind. „Also bitte mehr Empathie und weniger Recherche für das eigene Leben", würde man gerne rufen.

Und: „Obacht – Scheidungen sind nicht ansteckend! Behandelt die Menschen in Scheidung einfach normal!"

Es ist schwierig genug, sich in einer Welt, in der romantische Liebe jede Sekunde des Tages auf allen Kanälen gehyped wird ohne Ende, einzugestehen, dass man dieses Ideal nicht geschafft hat.

Es erfordert eine riesige Portion Mut, Selbstsicherheit und Vertrauen in die Zukunft, zu sagen: „Wir lassen das jetzt. Es geht nicht mehr!"

Es ist nicht einfach, wenn alle an konsumorientierten Feiertagen wie Valentinstag eine Rose bekommen – und man selber hat auf dem Schreibtisch nur die Rechnung vom Scheidungsanwalt und im Herzen die Hoffnung, dass man eine gute Regelung für den Umgang mit den Kindern findet.

Es ist nicht einfach, die mitleidigen Blicke zu ertragen, wenn man alleine mit einem Kind auf eine Feier geht, auf der nur Paare sitzen. Es ist nicht gerecht, als der oder die Gescheiterte zu gelten, obwohl man eigentlich bloß konsequent gehandelt hat.

Im Gegensatz zu einigen anderen, die das nicht machen und lieber eine nur scheinbar glückliche Beziehung leben.

Und es ist nicht gerecht, wenn meine Freundin – jetzt, wo sie bald geschieden ist – bei jedem Problem ihrer Kinder in Kindergarten und Schule von allen Seiten gesagt bekommt, dass vermutlich die Trennung daran schuld sei.

Weiß man das denn immer? Hilft man damit eigentlich irgendwem?

Meine Freundin weint also so richtig bitterlich an meiner Schulter, und ich tätschle ein wenig ungelenk ihren Rücken. Und dann drücke ich sie einfach noch kurz etwas länger. Ich habe keine Ahnung, was ich ihr sagen soll, und ich habe keinen Plan, was der Plan ist, wenn Liebe scheitert.

Ich weiß nicht, ob der Mann die Liebe ihres Lebens war, aber er ist der Vater ihrer Kinder.

Und ich werfe innerlich meine Lupe, meine Detektiv-Mütze und meine Ambitionen weg, jemals wieder nach Gründen zu suchen, warum Liebe scheitert.

Es ist einfach – einfach so – traurig genug.

Also haltet eure Klappe über meine Freundin und alle anderen in Scheidung – oder ich verfluche euch für immer.

Tipps an das jüngere Ich

Ich bin wirklich gerne 36. Ich mag meine grauen Haare, meine immer gelblicheren Zähne und die neue Oberflächenstruktur meiner Oberschenkel. Also meine Dellen.
Und freilich, ich habe reiche Erfahrung und bin sehr schlau und entspannt geworden mit dem Alter.
Ich mag, wie ich mich inzwischen selber kenne. Wie ich weiß: Ah, das Ziehen heißt, ich habe eine Unterleibsentzündung, und wenn ich am Nachmittag plötzlich sehr viel gähne, dann bin ich am nächsten Tag krank.

Ich mag, wie ich weiß, auf wen ich mich verlassen kann und bei wem ich verlassen bin. Ich mag, dass mir alles immer egaler wird und ich nicht mehr so viel lästere. Ich mag, dass ich meinen Freundinnen weiterhelfe und sie mir, und dass Neid etwas ist, was wir schon lange abgelegt haben, weil wir wissen: „Unter jedem Dach ein Ach!"

Ich mag, wie ich inzwischen selbstbewusst genug bin, mit meiner Schlafanzughose und ohne BH schnell zum Supermarkt zu fahren, weil – meine Herren – ich bin 36 und ich mache das jetzt einfach!

Ich bin wirklich froh, dass ich meine Haare nicht mehr färbe, meine dicken Füße im Sommer akzeptiert habe und inzwischen schon auf zwei Bier einen Rausch habe. Das kommt mich nämlich sehr günstig.

Ich möchte wirklich nicht mehr 20 sein. Na, bitte hört mir auf, ich bin so froh, dass ich nicht mehr so jung bin. Mein Körpergefühl ist anders geworden, mein Selbstbewusstsein ist anders und ich bin so froh, dass ich so viel schon geschafft habe.

Aber trotzdem würde ich gerne mal ganz kurz zurückgehen. Und ich würde mal für ein paar Stunden mit dieser 19-jährigen, siebengescheiten Madame sprechen, die ich selbst damals war. Die, die gerade von daheim auszieht und denkt, sie wüsste alles. Weil sie es eben nicht weiß und mich der Gedanke an die Hybris ihrer jungen Jahre stinksauer macht.

Ich würde ihr sagen, dass sie erstens schon mal gar nicht alles weiß, und dass es keine gute Idee ist, in eine WG in einem Plattenbau im schlimmsten Eck der Stadt zu ziehen, bloß, weil da die Mieten billig sind. Weil ich ja weiß, dass sie dann immer mit dem Pfefferspray im Anschlag nachts heimgeht, weil sie sich natürlich nie ein Taxi leisten kann.

Ich würde ihr aber auch sagen, dass sie aufhören kann, irgendwelchen Typen hinterherzujagen, und dass sie aufhören kann, sich den ganzen Tag Gedanken zu machen, mit wem sie wohl gut zusammenpassen würde. Und dass sie ihrem besten Freund sagen soll, dass sie seit vier Jahren in ihn verliebt ist. Weil sonst heiratet er irgendwann mal jemanden sehr weit weg und meldet sich nie wieder.

Ich würde ihr sagen, dass sie gar kein Lehramt studieren muss für ihre Eltern, weil man in anderen Berufen auch super Geld verdienen kann, ohne, dass man in der Früh einen Weinkrampf im Bad bekommt. Was habe ich geweint. Jeden Tag vor dem Lehramtspraktikum.

Ich würde ihr sagen, dass ihr das Studium eigentlich nur deswegen etwas fürs Leben bringen wird, weil sie sich das mit fünf Nebenjobs selbst verdient. Weil sie am Wochenende den Boden von einem Wirtshausklo putzt, am Theater an der Garderobe steht und am Sonntag Teller wäscht und unter der Woche bei einer schwedischen Billigklamottenkette irgendwelche Fetzen aufräumt. Und natürlich nebenbei noch für die Zeitung jobbt. Für sieben Cent pro Zeile. Um reinzukommen in dieses glamouröse Journalistengeschäft.

Ich würde ihr sagen, dass es ihr sehr wohl als Frau passieren kann, dass sie am Arbeitsplatz sexuell belästigt oder als junge Frau von männlichen Kollegen nicht für voll genommen wird. Ich würde ihr gerne sagen, dass sie nicht so unverwundbar ist, wie sie meint.

Ich würde ihr gerne sagen, dass das Leben nicht auf einmal voll super wird, wenn man erst einmal das Studium geschafft und/oder eine Ausbildung gemacht hat. Weil das Leben eben nicht perfekt losgeht, wenn man einmal sein eigenes Geld verdient. Da fängt der Alltag, das Formularausfüllen und alles, was keinen Spaß macht, nämlich erst richtig an.

Ich würde ihr sagen, dass sie sich die ganzen billigen Klamotten gar nicht kaufen muss, bloß, weil sie jetzt anscheinend mal kurz in Mode sind. Weil rückblickend schaut so viel so schlecht aus und auch die billigen Klamotten kumulieren sich mit der Zeit zu einem wahnsinnig großen Haufen Geld, den man dann doch bloß irgendwelchen Konzernen in den Rachen geblasen hat.

Und alles, was dir dann noch bleibt, das sind schwammige Fotos von einer Zwei-Megapixel-Handykamera, auf denen man dich beim Feiern sieht, mit einer schlimmen Brille, einem Leopardentop und einer auf alt zerfetzten Hüftjeans – für die kaum jemand den richtigen Körper hat.

Ich würde ihr gerne sagen, dass Beziehungen, die Abgänge nicht überstehen, vielleicht dann in dem Moment nicht die richtigen Beziehungen waren, und dass es dann auch wieder bergauf geht. Ich würde ihr überhaupt gerne sagen, dass es immer irgendwie bergauf geht. Auch, wenn man es gar nicht erwartet – oder gerade dann.

Und ich würde ihr gerne sagen, dass sie netter zu anderen Frauen sein soll. Weil obwohl ihre Freunde jetzt mit 19 fast alle männlich sind, wird sie weibliche Solidarität, weiblichen Humor und weiblichen Trost noch so viel öfter brauchen, als sie sich das jetzt vorstellen kann. Und ihre männlichen Freunde, die melden sich eh nie wieder bei ihr, wenn die mal alle verheiratet sind und Kinder haben.

Und ich würde ihr sagen, dass sie netter zu anderen Frauen sein soll, weil ja eine jede nur kämpft und macht und tut und es keine, aber auch wirklich keine gibt, die perfekt ist. Auch, wenn wir alle mal gerne so tun als ob.

Und ich würde ihr sagen: „Du bist wertvoll, aber du weißt noch längst ned alles!" Und dann würde ich ihr 200 Euro geben, dass sie mal zwei Wochen keine Nebenjobs machen muss und mal wieder was anderes isst als Leberkässemmeln und Mini-Zimtos mit Milch und Dosenananas.

Wollen Sie nicht?

Ich habe ein paar Freundinnen, die sind nicht Mama. Manche wollen nicht, bei manchen klappt es nicht und bei manchen passt einfach der Beziehungsstatus oder der Lebensumstand nicht zum Mama-Sein.

Anfang 30 war das alles ja auch noch überhaupt kein Problem. Meine Freundinnen wurden nicht auf Kinder angesprochen, niemand hat etwas von ihnen erwartet und es hat alles gepasst. Aber jetzt, wo wir alle im Zieleinlauf zu den 40ern sind, da passiert es immer wieder, dass meine Freundinnen – oft von wildfremden Menschen – auf ihren Kinderwunsch hin abgeklopft werden.

Meistens mit dem schwachsinnigen fragenden Imperativ – also auf Bairisch: „Wolln Sie ned?" Die Frage impliziert ja nicht nur, dass sich jemand keine Gedanken zu einem Thema gemacht haben könnte, sondern beweist auch noch, dass man sich als Frau, wenn man sich Gedanken gemacht hat, bestimmt mit den falschen Gedanken beschäftigt hat.

Und außerdem lässt die Frage noch vermuten, dass, wenn man sich wenigstens immerhin die richtigen Gedanken gemacht hat, man noch zu dumm war, die richtigen Schlüsse zu ziehen. Kurzum: Die Frage ist eine Frechheit und mehr eine unverschämte Ansage mit Fragezeichen als irgendetwas anderes.

Neulich war ich live dabei, als meine gute Freundin, 38 und Single, in so eine Fragerunde reingekommen ist. Wir sind gerade auf einer

Bierbank gesessen bei einem Feuerwehrfest, haben Kuchen gegessen und geratscht. Die älteren Damen neben uns haben sich unterhalten und wir haben uns gegenseitig freundlich zugenickt, wie das halt so ist. Wir sind ja konziliant.

Zu mir sind ab und zu meine Kinder hergerannt, ansonsten sind die mit ihren Freunden über die Wiesen gefetzt. Es war sehr schön. Ein Sommertag. Als mein Sohn mal wieder am Tisch war, gab es Fragen von den Damen neben uns, wie er denn heißen würde, wie alt er wäre und wie die Schwester so hieße. Aha.

Es war diese Art von Fragen, die eigentlich eher an die Mama gerichtet waren als an das Kind selbst. So wie letzten Winter, als in der Innenstadt ein älterer Herr zu meiner Tochter gesagt hat: „Friert dich nicht in die Ohrwascheln? Willst nicht deine Mama nach einer Mütze fragen?" – Was übersetzt so viel bedeutet wie: „Setzen Sie Ihrer Tochter eine Mütze auf oder ich informiere das Jugendamt!"

Und mit diesen subtil neugierigen Erklär-Fragen bearbeiteten die beiden Damen meinen Sohn. „Und du bist aber schon immer brav im Kindergarten?"

Als die beiden meinen Familienstand, die Betreuung der Kinder und meinen Job aus meinem Sohn herausgefragt hatten, ist meine Freundin drangekommen. „Und Ihre Kinder kemman ja gar ned zu Eana her?" Meine Freundin schüttelte den Kopf und erklärte, dass sie ja auch noch keine Kinder hätte, die da so rumdiffundieren könnten in der Landschaft. Die Damen neben uns rümpften kurz die Nasen, waren erstaunt und setzten zum Fragegewitter an. Mein Sohn entfernte sich sicherheitshalber mit seiner Limo vom Biertisch. Er roch das Unheil, hatte ein untrügliches Gefühl für Sprengladungen. Klar, bei der Mutter.

„Aber wollen Sie ned schee langsam Kinder? Derf ma frong, wia old Sie san?", prasselte es aus den beiden heraus. Ich war mir kurz nicht sicher, ob die jeweiligen Gebiss-Haftcremes der Wucht der Worte standhalten würden. Ob es denn da keinen Mann gäbe? Ob meine Freundin denn keine Kinder mögen würde? Und ob sie denn denke, dass sie es nicht später bereuen könnte, weil es doch von der Zeit her immer knapper würde ab Mitte 30 und so ein Leben ohne Kinder wäre doch schon ein wenig trist.

Ich habe meine Freundin schon bewundert, weil sie ganz geduldig geantwortet hat. Sie hat gesagt, dass der Richtige noch nicht da war und sie halt gerne einen Partner zu den Kindern hätte, und dass man so einen guten Partner halt auch nicht herzaubern kann.

Die Damen schienen immer noch nicht so recht befriedet und haben gefragt: „Ja, aber wollen Sie denn ned schee langsam an Mo suacha? Weil – mei Lieba – mit 38 – des is fei dann scho schee langsam knapp!"

Die Damen haben sich einen Blick zugeschossen, der deutlich gezeigt hat, dass für meine Freundin vermutlich schon alles zu spät ist in puncto Glück. Und als meine Kinder wieder zu mir her sind, ist das laut kommentiert worden mit „Mei, es is so schee, schaus da o, de Botscherl[9]. So liab! Also, do geht Eana scho wos ob, so ohne Kinder!"

Meine Freundin ist zunehmend ruhiger geworden und hat schon lange gar nichts mehr gesagt. An ihrem leicht bewölkten Blick habe ich gesehen, dass der Schlag gesessen hat und der Nachmittag für sie nicht mehr so lustig war wie vor einer Stunde.

---

9 Kleine, süße Kinder

Ich habe zu ihr gesagt, ob sie nicht kurz mit den Kindern zum Auto gehen wolle, ich würde sie einladen, nur kurz zahlen und dann kommen.

Meine Freundin verabschiedete sich höflich von den Damen, sammelte meine Kinder ein und ging mit hängenden Schultern in Richtung Auto.

In mir brodelte es gewaltig. Als ich gezahlt hatte, bin ich von der Bierbank aufgestanden, habe die zwei Frauen angeschaut und gesagt: „Wollen Sie in Zukunft ned vielleicht einfach as Hirn eischalten, bevor Sie wos song? Oder, no besser, wollen Sie ned vielleicht einfach staad sa in Zukunft, bevor Sie die Lebensumstände von fremde Leut bequatschen? Weil mei Freindin – des is bloß a Beispiel für viele Frauen. Aber sie is mei Freindin. Und desweng mua i des für sie und für alle anderen kinderlosen Frauen jetzad song: Jede Frau, der sie einfach übergriffig erzählen, dass sie Kinder griang soll, de kannt verklebte Eierstöcke haben, polyzystische Ovarien oder a Gerinnungsstörung. Sie kannt traumatisiert sa, a Gewaltopfer oder schlichtweg mitten in einer Hormon-Therapie stecka. Sie kannt scho einige Fehlgeburten ghabt ham und darunter sehr leiden und vielleicht hod sie oba a grod an riesigen Liebeskummer. Wolln Sie ned des alles beim nächsten Mal bedenken, bevor Sie einer ganz normalen Frau mit 38 ihran ganzen Dog versaua?" (siehe Migräne, Seite 43!)

Mit zitternden Händen habe ich mich umgedreht und bin zum Parkplatz gestapft. Mein Gesicht war hochrot, meine Halsschlagader hat pulsiert und ich konnte meine Beine gar nicht mehr spüren, jeder Schritt in die richtige Richtung war ein Glückstreffer. Ich war blind vor Wut.

Beim Auto warteten meine Freundin und meine Kinder. „Warum zitterst du so? Was is los?" Meine Freundin fixierte mich kritisch.

„Magnesium-Mangel?" „Na, Mangel an Feingefühl bei Rindvie-
chern!" Immerhin konnte sie dann wieder lachen.

Pedanten auf freier Wildbahn

Es ist immer spannend, wenn man bei anderen Menschen im Auto
mitfährt. Nichts sagt über die Psyche eines Menschen mehr aus als
der Zustand des Autos. Ja, das ist meine These. Und ich werde sie in
Folge auch beweisen. Das ist ziemlich einfach. Ich bin eine sehr chao-
tische, streckenweise unorganisierte Person. Warum? Weil ich in einem kreativen Beruf arbeite und die Sache mit dem kreativen Chaos
halt nicht so ganz haltlos ist. Ein befreundeter Psychologe hat mir
mal erklärt, dass sich Jugendliche im Jugendzimmer verpuppen müssen. Daher streichen sie dann auch die Wände dunkel, öffnen die Vor-
hänge nie und das Fenster sowieso nicht. Weil sie so sehr mit Leiden,
Verwandeln, Essen und Schlafen beschäftigt sind, dass alles andere
schlicht zu viel verlangt ist. In meinem Verpuppungsstadium war ich
eine bleiche, dünne Raupe, die die Sonne gemieden hat wie die Pest.
In meinem Zimmer voller Grunge- und Punk-Devotionalien waren
die Wände dunkelblau, der Teppich braun und wenn man von der
Türe zum Bett durchkommen wollte, brauchte man eine Überlebens-
ausrüstung wie zur Erstbesteigung eines 8000ers. Biwak beim Ikea-
Sessel nicht ausgeschlossen.

Natürlich habe ich das Aufräumen dann im Laufe meines Lebens
mühsam gelernt. In WGs mit unangenehm ordentlichen Mitbewoh-
nerinnen, in einer Ehe und als Mutter von zwei Kindern, die am besten nonstop vermitteln will, dass sie die Lage zu Hause im Griff hat.
Was natürlich eine krasse Lebenslüge ist. Niemand hat die Lage in
der eigenen Familie je zu irgendeinem Zeitpunkt im Griff, weil sonst
wäre man ja eine narzisstische Diktatorin, das kann man nicht im
Ernst wollen. Aber alle tun so. Ist halt Zeitgeist. Auf Englisch nennt

man das „On top of things" sein. Und genau hier fehlt es mir vermutlich entscheidend, weil ich bei meiner Scheidung gelernt habe, dass man gar nicht überall immer die große Supervisorin sein will und über allem drüberstehen sollte. Man sieht ja doch nur Dinge, die unschön sind und die man nicht ändern kann oder will. Ich bin ungefähr auf Augenhöhe mit den Dingen und dem Chaos und das reicht mir.

Auf Augenhöhe mit dem Chaos bin ich vor allem, wenn mir im Auto etwas herunterfällt und ich es dann vor der geöffneten Autotür kniend unter dem Fahrersitz suche. Der Boden meines Autos ist wie ein kleines Biotop und erinnert mich sehr an den braunen Teppich meines Jugendzimmers. Alle paar Zentimeter eine Überraschung. Und viele alte Pommes. Im Auto habe ich meine wahre Seele versteckt. Es ist für mich ein Gebrauchsgegenstand, kein Statussymbol. Es ist ein notwendiges Übel, das ich beruflich und geographisch leider benötige, weil der öffentliche Personennahverkehr – was für ein grauenhaftes Wort – bei uns, 20 Kilometer von Regensburg entfernt, eine absolute Katastrophe ist. Wie gerne hätte ich wieder gar kein Auto mehr. Meine Freiheit und eine Zuglinie vor der Nase. Aber das alles geht nicht, vor allem nicht, wenn ich zum Beispiel mal wieder in einem Dorf in der Nähe der tschechischen Grenze spiele. Wie soll ich da bitte hinkommen ohne Auto?

Hier steht das Auto im krassen Kontrast zu meinem Zuhause. Mein Zuhause liebe ich. Es gibt für mich nichts Schöneres, als nach der Tour die Haustüre aufzusperren und zu wissen, dass ich endlich da bin. Und es empfängt mich eine angenehme Kühle, der übliche Geruch und mit etwas Glück ein wenig Ordnung. Ich räume noch immer nicht gerne auf, aber wenn jemand zu Besuch kommt, die Kinder zum Papa fahren oder bevor ich auf Tour gehe, renne ich zwei Abende wie eine Irre abends durch das Haus und mache klar Schiff. Bei einer Familie mit einer Erwachsenen und zwei Kindern ist das wie ein großes Gedächtnistraining, und ich mag das gerne. Ich weiß ja, es gibt dann zur Belohnung diesen einen Moment, in dem ich auf der Couch sitze, Musik höre und mir denke: „Yes, es ist alles an seinem Platz." Bis dann die Kinder wieder heimkommen mit zwei Koffern oder ich von der Tour, oder eben der Besuch da war und uns alles wieder durcheinandergebracht hat.

Ich hasse daher auch Besuch, der zu früh erscheint. Es wurde mir beispielsweise von einem Familienmitglied einmal sehr übelgenommen, dass ich es eine Viertelstunde an der Haustüre habe warten lassen, bis ich in der Wohnung fertig war mit allem. Und dass es geregnet hat, war nicht meine Schuld! Ich nehme es mit der Pünktlichkeit bei Hausbesuchen sehr genau – und erwarte, dass einfach alle eine akademische Viertelstunde zu spät kommen. Oder, noch besser, vielleicht gleich viel später. Dann sollten sie aber anrufen. Leider ist es bei den älteren Familienmitgliedern schon seit Jahren Trend, dass man zwischen einer halben Stunde und einer Stunde zu früh erscheint. Zu diesem Zeitpunkt renne ich meistens noch in der Unterhose – Zähne putzend – durch das Haus und mache panisch Ordnung, die Rohrnudeln sind noch im Ofen und ich suche den Badreiniger, um die Zahnpastareste der Kinder aus dem Badwaschbecken zu spachteln.

Alles gleichzeitig. Dazwischen rufe ich den Kindern so lange Befehle zu, bis sie sich in die Außenbereiche verziehen. Auch bei Minusgraden. So entspannt ich als Gastgeberin bin, wenn mal alle da sind: Kurz vor der ausgemachten Zeit ist bei mir eine Art Ausnahmezustand ausgerufen. Ein Organisationsnotstand, in den Gäste, wie meine Eltern, gerne hineinplatzen. Ich begrüße sie dann meistens, oben ohne in Unterhose, standesgemäß mit: „Was machts na es scho da?" Mein Vater verdreht daraufhin die Augen und meine Mutter rennt vorwurfsvoll in die Küche und hantiert mit irgendwelchen Dingen. Und ich wette, dass beide in diesen Momenten an mein Verpuppungsjugendzimmer denken und sich fragen, wo denn der schöne selbstständige Schmetterling geblieben ist, auf den sie damals alle gewartet haben. Sie haben ihn sich halt nicht zähneputzend, hysterisch und oben ohne vorgestellt. In ihren enttäuschten Elternaugen habe ich mich in diesen Momenten dann eher in eine Motte verpuppt. Vielleicht eine Kleidermotte, im Gegensatz zur Lebensmittelmotte, weil ich eine schlechte Esserin bin.

Das Problem ist leider auch, dass bei uns oft ein Teufelskreis entsteht, weil meine Eltern immer zu früh kommen, weil sie wissen, dass bei mir ein Chaos herrscht und sie denken, dass sie mir helfen müssen. Sie wissen jedoch nicht, dass ich mein Chaos bis auf die letzte Sekunde durchgeplant habe und leicht fertig werde mit allem. Naja, leicht. Aber halt fertig. Dadurch, dass sie aber immer zu früh kommen, sehen sie das Elend vor der Fertigstellung und drehen durch. Genauso habe ich aber auch dieses Buch geschrieben. Ich erzeuge immer künstlich zum Schluss einen dermaßen kreativen, selbstzerstörerischen Leistungsdruck, dass ich die Tage vor Abgaben und Premieren die chaotischste und unleidigste Person der Welt bin. Und dann klappt es ja. Und dann hat es ja auch Spaß gemacht. Niemand freut sich über die Abgabe eines Buches oder über Gäste, wenn er oder sie vorher nicht heftigst gewerkelt hat dafür und gegen den Endgegner Zeit. Natürlich rede ich mir hier etwas schön, das wird der aufmerksamen Leserin schon aufgefallen sein, aber vor allem genieße ich mein Leben so lange, bis ich weiß: Jetzt hilft es nichts mehr. Jetzt muss ich anfangen. Klar, jeder kleine Einfluss von außen bringt dann das ganze Konzept ins Wanken, aber ich weiß, dass die Freude über das perfekte, quasi punktgenaue Erreichen des Ziels zehnmal größer ist, als wenn man schon zwei Wochen vorher fertig ist, und dann liegt das Manuskript da so nutzlos rum. Oder man hat einfach eine saubere Wohnung und dann kommen Gäste. Wie wenig originell ist das denn? Da spürt man sich ja gar nicht. Da überkommen dich ja gar nicht alle Emotionen dieser Welt in 24 Stunden. Wo ist denn da bitte das Spannende? Und was gibt es da dann zu feiern? Dass man so langweilig ist, dass eh immer alles passt? Herzlichen Glückwunsch. Null Yin und Yang einfach.

Versteht mich nicht falsch, wenn es immer aussieht und man gar nicht aufräumt, dann finde ich das auch nicht gut. Es gibt Menschen, da würde ich gerne ein Taschentuch unterlegen, bevor ich mich auf deren Couch setze. Oft sind das sehr herzliche, gastfreundliche Menschen. Aber auch hier frage ich mich: Was ist denn da los? Habt ihr euch überhaupt nicht auf mich gefreut? Warum habt ihr denn nicht ein klein wenig für mich aufgeräumt? Wart ihr gar nicht leicht aufgepeitscht seit einem Tag, weil ihr wusstet, dass Besuch kommt? Und dazu noch ich! Feiert ihr irgendetwas in eurem Leben? Noch mal: Was ist los mit euch? Meine gute Freundin Linda hat einmal gesagt, dass sie es liebt, wenn die Freundschaft zwischen zwei Menschen das Level erreicht hat, dass man nicht mehr aufräumen muss füreinander. Das stimmt. Aber ich wünschte, man würde sich trotzdem ein wenig vorbereiten. So, wie man sich ja noch wäscht, obwohl man schon seit Jahrzehnten verheiratet ist. So ein wenig aus Huldigung der Gefühle füreinander.

Und für den absoluten Schlendrian hat man ja eben einen sehr guten Ausweg: Das Auto. Wenn ich in ein vollkommen verdrecktes Auto einsteige, hüpft mein Herz. Als ich neulich in den Tourbus eines befreundeten Kabarettisten eingestiegen bin und als Erstes eine alte Pommes im Fußraum liegen habe sehen, da wusste ich: Wir sind seelenverwandt. Hier werden die Zeit und Energie, die man hat, in das Wichtigste gesteckt: In Ideen, in das Zuhause, in die Liebsten. Und nicht in das Auto. Mich überzeugt das Konzept eines sauberen Autos eigentlich grundsätzlich nicht. Für mich sind Menschen mit sauberen Autos nichts als Pedanten auf freier Wildbahn. Wie kann man sein organisiertes Leben nur so zur Schau tragen? Meine Eltern versuchen mir das Konzept „Sauberes Auto" oft zu erklären. Das Auto sei halt ein sehr wertvoller Gegenstand, den man einfach pfleglich behandle. Das leuchtet mir im Hinblick auf den Motor und regelmäßige Check-Ups auch absolut ein. Aber der Innenraum muss doch nicht sauber sein. Warum denn das? Verbraucht ein Auto mit Pommes im Fußraum mehr? Um wie viel erhöhen 27 Pommes im Fußraum den Verbrauch?

Neulich bin ich wieder in ein extrem sauberes Auto eingestiegen. Und ich hätte mir fast ein Taschentuch unter den Hintern gelegt, weil das Auto so sauber war. Für eine Sekunde habe ich überlegt, ob ich im Auto meine Schuhe ausziehen muss. Als ich endlich angeschnallt war, habe ich mich sehr stark bemüht, nichts mehr im Auto anzufassen, und meine Atmung wurde zunehmend flacher. So gern ich die Fahrerin mochte, ich wusste sofort, dieser Person werde ich niemals tiefere Geheimnisse anvertrauen können. Weil jemand mit einem so sauberen Auto mich einfach grundsätzlich nicht verstehen kann. Vielleicht hat sie sogar einen Schottervorgarten, macht mit einem Rasenmähroboter den schönen Klee weg und fliegt ungeachtet aller aktuellen Starkregenereignisse noch in Urlaub. Ich traute ihr und diesem psychopathisch sauberen Auto plötzlich alles zu und fühlte mich, als wäre ich eine sichere Kandidatin für die nächste Ausgabe „Aktenzeichen XY ungelöst". Dieser Frau mit ihrem sauberen Auto war alles zuzutrauen. Die Fahrerin sprach ununterbrochen und ich hörte ihr mit einem Ohr zu, mit dem anderen überlegte ich, wie ich die Freundschaft zu ihr auf der Stelle abbrechen konnte. Einfach, um zu überleben. Mein Mund wurde zunehmend trocken, meine Handinnenflächen dafür schweißnass. Ich wischte sie mir ständig an meiner Jeans ab, weil sie sicher ungehalten werden würde, wenn jemand ihre Armaturen mit feuchten, salzigen Fingerabdrücken verunstalten würde. Diesen Irren ist alles zuzutrauen. Ich musste an „American Psycho" denken. Die Wohnung von Patrick Bateman hatte dieselbe organisierte Ausstrahlung dieses Autoinnenraums. Sagt man nicht immer, dass Psychopathen die Gefühle von anderen Menschen immer nur imitieren? Ich blickte sie ganz vorsichtig aus den Augenwinkeln an. Ja, sie sah aus, als hätte sie keine eigenen Emotionen. Verdammt. Meine Tage waren gezählt. Wie sollte ich es bitte die 90 Minuten bis München in diesem Horrormobil aushalten? Und viel wichtiger: Würde ich jemals zurückkommen? Sie erzählte, dass wir auf dem Weg noch einmal tanken mussten. Vermutlich in der Nähe von Pfaffenhofen beim Autobahnkreuz. Ich kannte die Tankstelle. Während sie bezahlte, könnte ich mich im McDonald's auf dem Klo verstecken und nicht mehr rauskommen, bis sie aufgäbe. Ich bastelte gerade in meinem Kopf an dieser Exitstrategie und fing inzwischen auch an den Beinen an zu schwitzen.

„Und jetzt halt derweil dieses Mietauto. Es ist ok, finde ich. Halt ungewohnt sauber. Aber zieht ganz gut! Am Donnerstag kommt dann das E-Auto. Bin echt gespannt!" „Wie, Mietauto?" Ich drehte mich abrupt zur Fahrerin hin und sah am Schlüsselanhänger den Namen einer Mietautofirma prangen. „Ja, sag amal, spinnst etz du? Du kannst mi doch ned so hinhalten!" „Was schreist du mi etz bitte so an? I fahr grad!" „I hab gmoant, du bist a absolute Psychopathin, mit so am sauberen Auto! I bin tausend Tode gstorm!" „Schrei ned aso, sonst fahr i in Abensberg raus und du kannst zfuaß geh!" „Ja, i schrei ja scho nimmer. I bin heilfroh, dass du normal bist!" Ich atmete aus wie ein Wal beim Auftauchen. Ich war inzwischen auch genauso nass am ganzen Körper. „Und i glaub etz, dass du an Schlag hast!" „Aber an netten!" „Ja, geht so. Vielleicht lass i di in Pfaffenhofen beim McDonald's sitzen!" Ja, wir waren schon zu Recht befreundet. Ich grinste in mich hinein. Zwei Irre. Ein Gedanke.

Baustellen

Ich glaube, dass man in unserer Gesellschaft sehr viel verändern könnte, wenn es einmal in das kollektive Wissen übergehen würde, dass Baustellen aus Menschen das Schlechteste herausholen können. Wirklich. Ich habe das von allen Seiten beobachtet. Da sind zum einen die Handwerker, die ja die eigentlichen Gewinner der derzeitigen Hochkonjunktur sind. Sie wissen, dass wir uns alleine gar nicht helfen können, weil sehr viele von uns dummstudiert sind. Also schlichtweg zu akademisch, um eine Schraube von einem Nagel zu unterscheiden. Und die paar, die es können, die bauen sich einen VW-Bus um, mit dem sie ganz Bohemiennes zum Gardasee düsen, um dann 25 Kilometer später den ADAC zu rufen. Aber immerhin ist der Holzeinbau innen tadellos. Der Dieselmotor läuft auch bald wieder. „Wir fahren ja ansonsten total viel Rad." Das stimmt. Die meiste Zeit steht der Bus nämlich in Haidhausen parallel zur Straße geparkt und nimmt Leuten in Parterre-Wohnungen das Tageslicht weg.

Wie dem auch sei. Diese Situation nutzen Handwerkerinnen schamlos aus und lassen sich so richtig bitten. Sie wegen kleinerer Arbeiten zu rufen, ist quasi eh eine Majestätsbeleidigung, selbst wenn man aus Dankbarkeit überdurchschnittlich gut zahlen würde. Wenn sie dann kommen, legen sie einen Schraubschlüssel ins hinterste Eck des Rohbaus, fahren wieder und schicken die Rechnung. Die siehst du nie mehr wieder, aber der Bau gehört ihnen. Wie dir bei einem Familienessen an einem Sonntag in Bayern der Knödel gehört, auf den du schon einmal draufgespuckt hast. Denn Handwerkerinnen ekeln sich quasi vor dem Bau der jeweils anderen Firma. „Wos, die Schmidt war da scho do desweng bei eich. Na, na kenna mir da ned kemma, wenn des a Baustell von da Schmidt is!" „Aber de hat ja no gar nix gmacht!" „Ja, dann erst recht ned! Und wenn's was gmacht hätte, dann warads so a Pfusch, der ihr Zeig bessern wir nimmer aus!"

Ja, das ist leider so. Handwerkerinnen sind die echten Königinnen, und das Schlimmste: Sie wissen es. So verstehen sich Handwerkerinnen, wenn sie mal auf dem Bau erscheinen, als die Chefinnen der Welt: Pulli Engelbert Strauß, Hose Engelbert Strauß, Rolex Engelbert Strauß. Handwerkerinnen sind in unserer Gesellschaft so etwas wie die neuen Lehnsherren, es würde niemanden wundern, wenn sie nicht auch noch das Recht der ersten Nacht im Haus fordern würden. Viele Bauherrinnen sind so verzweifelt, sie würden es ihnen wohl auch geben.

Ja, die gegenderte Form von Bauherr ist vermutlich Baudame, aber auch das ist eigentlich egal, weil es auf Baustellen in Bayern eh nur den Chef oder die Chefin gibt. Das „e" wird hier – ganz wichtig – in der Aussprache so lange gezogen, wie das „ä" bei Käse. Als bei unserem Bau klar war, dass die unangenehmen Parts an mir hängen bleiben, sprachen die Handwerkerinnen nach und nach von mir als „Chefin". Mangels Interesses meines Mannes am Bau gab es den „Chef" quasi gar nicht. Und so war es immer ich, die in der Arbeit angerufen wurde mit Top-Neuigkeiten wie: „Heute brechen wir die Decke durch, könnte sein, dass es nicht klappt und alles runterkommt. Wir melden uns in einer Stunde nochmal!" Oder auch der liebste aller Knalleranrufe: „Heute wurden endlich die Fenster geliefert, sie waren zu groß für die Löcher!" Wow. Und das ist jetzt eben ein Tanz auf dem Vulkan, kommunikationsmäßig. Einerseits haben mir meine Mama und mein Papa immer geraten, die Handwerkerinnen nicht zu beschimpfen, weil sie sonst nur noch zur Brotzeit kommen würden, und selbst da gäbe es dann noch eine Rechnung.

Andererseits kommt dir als Chefin schon die Galle hoch, wenn eine Fensterbauerin genau einen Job hat – nämlich Fenster zu bauen, die in das dafür existierende Loch in der Wand passen – und dann diesen Auftrag nicht erfüllt. Natürlich sind dann alle anderen schuld und es braucht einen Vergleich. Oder Streitereien vor Gericht. Wenn ich hingegen in der Arbeit etwas verbocke, dann muss ich zu meiner Chefin gehen und es auf meine Kappe nehmen. Und dann bekomme ich den Anschiss. Es ist ziemlich lustig, dass das ausgerechnet bei Fensterbaufirmen anders zu sein scheint. Und auch, als unsere Elektrikerin die Wechselschaltung im Bad so geschaltet hat, dass immer entweder das Deckenlicht oder das Licht in der Dusche an war, das Licht aber niemals ausgeschaltet werden konnte, da waren wir doch erstaunt, als die Elektrikerin uns für diesen Fehler am Telefon ordentlich zusammenstauchte. „Etz muss i extra nommal anfahren, wega dem Scheiß-Liacht!" „Äh, entschuldigen Sie, Sie san Elektrikerin, Augen auf bei der Berufswahl. Weil als Elektrikerin muss man vielleicht hin und wieder mal einen Schaltkreis bauen, in dem das Licht an und aus geht!" „Wie reden Sie denn mit mir?" „So, wie i mit Elektrikerinnen red, de mi omammeln[10], wenn sie an Fehler gmacht ham!"

Ich war irgendwann so weit, dass ich beim Betreten der Baustelle immer schon kurz vor dem Schreien war. Genauso, wie immer und zu jeder Zeit, wenn Handwerkerinnen oder Architektinnen angerufen haben. Ich war dauergrantig. Der Bau hat mich fast erledigt.

Ich war so gereizt wegen unserer Baustelle im neuen Haus, betreute für die Stadt noch Bauvorhaben verschiedener Straßen und wohnte – Überraschung – neben einer großen Gentrifizierungsbaustelle in Regensburg. Ich war durch. Eine Psychologin hat einmal zu mir gesagt, dass das erste Kind und der gemeinsame Bau die Top-Trennungsgründe sind. Das kann ich mir unbedingt und absolut vorstellen. Denn niemand übersteht einen Hausbau ohne schlimmere Nebenwirkungen, wie Wahnsinn, Dauergrant oder Scheidung. Irgendwann schlappte ich – vollkommen fertig – während der Bauphase unseres Hauses durch eine der Straßen, für deren Baustellenkommunikation ich verantwortlich war. Die Handwerkerinnen hatten gerade

---

10 Omammeln entspricht in etwa anmotzen.

vor einem Geschäft etwas aufgerissen, ohne den Geschäftsinhaberinnen Bescheid zu sagen, weil sie gedacht hatten, dass das ganz schnell gehen würde. Leider geht aber in Regensburg gar nichts schnell, wenn man mal einen Zentimeter tief unter dem Asphalt gräbt. Alleine schon, weil überall ständig ein römischer Löffel lauern kann, der alles verzögert. Alles in allem also eine prima Idee, mal schnell vor Geschäftsbeginn wo zu graben.

Ich wusste von allem nichts, hatte im Kopf, dass die Heizungsanlage in meinem neuen Haus 20 000 Euro mehr kostet als erwartet, und eine schreckliche Nacht voller Kindergeschrei und einen Morgen voller Baustellenlärm in den Knochen. Und gefühlt lag in allen Ritzen meines Lebens Baustaub. Mit dieser prima Stimmung ging ich in Richtung Rathaus, als ich von den Besitzerinnen des betroffenen Geschäftes auf der Straße gestellt und angebrüllt wurde.

Um mich herum sahen Passantinnen auf mich, die müde Mama im Sommerkleid, wie ich hier auf offener Straße von den Besitzerinnen des Hippie-Modeladens angebrüllt wurde. Die etwas untersetzte Verantwortliche der Baustelle kratzte sich nachdenklich unter ihrem Fischerhut. Ich verstand es: Niemand anderes würde hier die Verantwortung übernehmen. Und da entwich aus mir die volle Wucht aller unterdrückten Baustellenbeschwerden der letzten Zeit. Und ich schrie nur: „Ruhe!“, und zwar so lange, bis auch Ruhe war. Das dauerte etwas. Mein Kommunikationskollege aus der Wirtschaftsabteilung eilte schon im Anzug heran, um etwas zu beschwichtigen, aber es half nichts mehr. Ich war in dieses Szenario geraten wie eine Jungfrau in einen Swingerclub – und ich hatte, was mich am meisten ärgerte, noch nicht einmal eingestempelt. Wenn, dann lasse ich mich nur auf Arbeitszeit anschreien. Ich brüllte bestimmt fünf Minuten um Ruhe, um dann zu sagen: „Es heißt guad Moang, Frau Karl Faltermeier. Und a wenn Eana Haus explodiert, dann mechd i wenigstens gegrüßt werden, bevor ma mi oschreit! Hams mi? Und des regelt etz bitte die, die das verbockt hat, weil i bin grad no in meiner Freizeit. Pfiat God!"

Ich ging davon. Und ich wusste es. Klar, alle halten mich für etwas wahnsinnig und unsouverän jetzt, aber ich hatte es wieder einen Schritt mehr zur Chefin geschafft. Ganz ohne Lehre. Am nächsten Tag beglückwünschten mich alle zu meinem Ausraster. Nur meinen Kolleginnen war das peinlich. Eine der Tiefbauerinnen nahm mich zur Seite und raunte mir noch kurz zu: „Egal, wen ma afana Baustell oblead … A Falsche is do nie dabei. De hams alle verdient!"

Grant und Mann

Zwei Menschen

Ich bin unfassbar glücklich verheiratet. Klar – in der Vergangenheit hatten wir natürlich schon Tiefen. Und mit Tiefen meine ich Marianengräben voll mit Drachen, Feuerzungen und Dämonen. Aber irgendwie haben wir es ja immer geschafft. Und wir haben es so oft zueinander und miteinander geschafft, dass wir jetzt komplett glücklich miteinander sind. Wir sind so harmonisch, dass uns manchmal wildfremde Leute auf der Straße bewundernde Blicke zuwerfen.

Wir sind so richtig zufrieden. Hundert Prozent angekommen in der reinen Liebe unter Ehepartnern. Vollkommen gleichberechtigt und auf Augenhöhe. Wortlos über unsichtbare Bänder miteinander verbunden. Wunschlos glücklich. Seelenverwandte. Perfekt.

Und neulich habe ich dann einmal Kaffee getrunken, es war in der Früh. Kaffee-Primetime. Und ich war – das kennen Sie vielleicht auch – wirklich ganz tief dankbar und glücklich über mein Leben mit meinem … ja, mit meinem Traummann. Dem modernen Supermann mit dem offenen Wesen. Der inneren Größe und dem soliden Job. Und ich schaue zu ihm rüber, wie er da so attraktiv sitzt und irgendwas zum Thema „Fußball" liest, und sage zu ihm: „Freu ich mich auf unseren Abend ohne Kinder heut. Des is einfach überfällig."

Und da spüre ich es: Wie sich die Atmosphäre im Raum plötzlich ändert – und die Liebe meines Lebens ganz langsam zu mir aufschaut, seine schöne Stirn in diese vollkommen übertriebenen James-Dean-Gedächtnis-Falten legt und mich fragt: „Was ist?" Und ich schaue ihn lange an und sage zu ihm: „Ja, heid! Heid Abend. Du woaßt scho!" Ich fixiere seinen Kopf mit meinen Augen, als würde ich ihm sein Wissen noch einmal aktiv über Bluetooth in sein Gedächtnis übertragen wollen.

Aber er weiß es nicht. Er schaut mich an wie eine Schwalbe, wenn es blitzt, und ich merke, wie er mir auch nicht einmal im Entferntesten folgen kann. Und klar: Ich werde auf den Schlag natürlich stinksauer. Also, sofort. Im Affekt. Ich hatte das auch nicht mehr in der Gewalt. „Du hostas vergessen", schreie ich total erbost und enttäuscht. „Du hast vergessen, was wir ausgemacht haben für heut!" Er schaut weiter starr nach vorne. Wie durch mich durch und sagt: „Aber heid is mei Online-Schafkopfrundn[11] – die anderen gfreia sich doch scho alle!"

Er hätte das nicht sagen sollen, weil ich glaube, dass der Satz der Grund war, warum ich dann ein wenig die Contenance verloren habe. „Ach so, die freun sich alle, deine Freindt. Ja, das ist natürlich ein Argument. Weil, ich freu mich ja ned scho seit Monaten auf unsern ersten Abend miteinander und ohne Kinder. Und i hob ja ned scho seit ewig was mit de Omas organisiert, an Tisch reserviert und es mid am dicken roten Edding in unseren Kalender gschriem, dass wir heid an Abend miteinander ham! Und dazua hob i für den Abend bestimmt vier Leit' abgsagt, i hob an Auftritt ausfallen lassen und i hob – abgseng davon – di von all diesen Schritten immer und zu jeder Zeit informiert. Also, warum hast du dann da a Schafkopfrundn?"

„Woaß i ned. I hob davo einfach nix gwusst, dass wir heid was vorhaben. Schad. Aber de Schafkopfrundn, de kann i unmöglich ausfallen lassen!"

Ich schaue ihn an wie einen Zombie, der aus dem Nichts plötzlich vor mir steht. Das kann doch nicht wahr sein! Es kann nicht sein. Wie kann man das denn bitte nicht wissen? Wie kann ein Mensch vier längere Unterhaltungen zu einem Termin vergessen? Wie kann es sein, dass er mir nie zugehört hat, wie ich gesagt habe: „Also, des mit

---

11 Schafkopf ist – so wie auch Wattn und Graßoberln – ein beliebtes Kartenspiel.

dem Tisch, des klappt. Und die Omas nehma de Kinder!" Wie kann er nur so eine andere Wahrnehmung haben als ich? Er hat schließlich immer gesagt: „Basst!" Ich bin stinksauer, kann ihn gar nicht mehr anschauen und gehe in den ersten Stock.

Auf dem Weg ins Obergeschoss liegen verschiedene Kleidungsstücke der Kinder, und ich hebe sie auf und nehme sie mit zur Waschmaschine. Moment. Das mache immer ich. Wieso macht er das eigentlich nie? Sind die Klamotten für ihn unsichtbar?

Ich bekomme es plötzlich mit der Angst. Vielleicht sieht er die Welt einfach anders als ich? Vielleicht liegt es auch an der generellen Wahrnehmung? Vielleicht ist seine Realität nicht meine und vielleicht werden wir uns einfach noch ganz oft falsch verstehen.

Ich öffne im Obergeschoss ein Fenster und sehe, dass der Rasen noch immer nicht gemäht ist. Aber das hat er mir doch fest versprochen. – „Am Freitag is er gmaht", hat er gesagt. Heute ist Samstag!

Mir wird schlecht. Vielleicht ist es auch anders und mir entgleitet die Realität? Möglicherweise bilde ich mir Sachen ein, die gar nicht so sind und ich werde einfach nach und nach ein wenig wahnsinnig. Drehe ich gerade durch?

Die Kinder rufen mich aus dem Erdgeschoss und ich gehe wieder hinunter. Sie ziehen sich ihre Gummistiefel an: „Der Baba und wir, wir fahren etz zur Eisdiele!" Um halb elf am Vormittag? Das muss ein Scherz sein! Ich ziehe meinen Mann zur Seite und zische ihm zu: „Du, i glaub, i werd nasch, wir ham doch besprocha, dass de Kinder nimmer so viel süße Sachen essen sollen. Und der Rasen is ned gmaht, des host du mir doch versprocha, und sag mal – sigst du die Seggl ned, de überall im Haus verteilt san?" Und ich bin nicht stolz drauf, aber ich höre mich schreien: „Seggl, Seggl, 's ganze Haus is voller Seggl, i drah no durch!"

Er schaut mich an: „Was ist eigentlich aus dir wordn?", sagt er einfach. Und: „Kannst du no an irgendwas amal a guats Haar lassen und ned nonstop grantig sa?" – „Ja, aber das gibt's doch ned, wir ham doch über alles gredt. Und du hörst und sigst doch genauso guat wia i. Warum bleibt dann bitte bei dir nix hänga, was is denn bitte mit dir los? Muass i etz bei jedem Gespräch, bei dem wir was ausmacha oder besprecha, a Sprachaufnahme mitlaffa lassen, oder drah i grod echt durch?"

Er schaut mich kurz an – und ich habe für eine Sekunde gedacht, er täte schmunzeln. Und dann nimmt er einfach die Kinder und fährt.

Ja, ich stehe da jetzt halt wie eine veritable Deppin in unserem Treppenhaus. Und weil ich nicht so dastehen will, setze ich mich auf eine Treppenstufe und schicke eine Sprachnachricht an meine beste Freundin: „Ich weiß wirklich nicht, wie lange ich diese Ehe noch aushalte. Der hört nicht zu, dem is alles egal, ich mach hier die ganze Arbeit daheim und ich würd ihm am liebsten seine ganzen Fußballsachen im Garten anzünden. Von der Rudi-Assauer-Biografie bis zum Fan-Shirt – es soll alles brennen, weil er so ein Depp is, so ein blöder. Und ich frag mich auch wirklich, wann wir das letzte Mal glücklich waren – und warum ich den eigentlich gheirat hab, den Dumm-Natzer[12]. Es is unbeschreiblich! Der behandelt mich wie seine Sklavin!" Während ich die Nachricht noch relativ ruhig begonnen habe, merke ich am Schluss, dass ich mich in Rage geschrien habe. Trotzdem schicke die Nachricht weg, weil meine beste Freundin hat ja ein ganz

---

12 Ein Dumm-Natzer ist einfach ein Depp.

ähnliches Exemplar daheim, ich weiß, dass meine Scheidungsgedanken bei ihr gut aufgehoben sind.

Ich gehe in die Küche und mache mir neuen Kaffee. Und wie ich dem Wasser so beim Durchlaufen zuschau, fallen mir alle Gespräche ein, die er schon vollkommen anders verstanden hat als ich. Und ich überlege immer ernsthafter, ob eine Beziehung mit ihm überhaupt noch Sinn hat. Vielleicht passen wir von Grund auf nicht zusammen und es wäre gut, jetzt die Reißleine zu ziehen. Ich schreibe meiner Mama eine SMS: „Ich glaube, dass das mit meiner Ehe einfach nicht mehr sein soll."

Der Kaffee ist fertig, und ich versuche mich mit der Realität anzufreunden. Ich werde also eine Alleinerziehende sein. Keinen Partner mehr haben. Und nonstop Verantwortung, dafür keine Massagen vor dem Fernseher. Bis auf die Massagen macht mich das gar nicht mal so traurig und ich setze mich mit einem leicht aufgeregten Gefühl im Bauch und dem Kaffee in der Tasse auf die Couch. Eigentlich müsste ich das jetzt vielleicht feiern. Ich bin nervös. Wie Schmetterlinge im Bauch. Scheinbar beflügelt mich der Gedanke an eine Scheidung mehr als erwartet! Dann denke ich an die Kinder und verfalle in ein tiefes Grübeln. Ob man um fast elf in der Früh vielleicht doch schon ein Glaserl Wein trinken kann? Es ist halt schon krass … So schnell zerbrechen Ehen und Träume. So geht's dahi mit mir. Mit unserer Familie – mit uns.

Die Haustür geht auf und ein gschaftiges „Bin wieder da" meines Mannes reißt mich aus meinen düsteren Ehe-Endzeit-Gedanken.
Ich schaue zu ihm. Er steht da, hat einen Blumenstrauß in der Hand, keine Kinder dabei, aber dafür ein Geschenk.
„I vergiss doch unsern Jahrestag ned!" Und als ich wohl recht deppert geschaut habe, hat er noch amüsiert erklärt, dass er die Kinder gleich zur Oma gebracht hat. Überraschung! Freier Tag. Danach be-

komme ich erst einmal eine Massage und wir trinken tatsächlich schon ein Glaserl Wein. Denn immerhin ist schon fast Mittag und in Frankreich machen die das immer so. Und Frankreich ist ja sehr elegant und romantisch. Und das wollen wir heute sein! Französisch, elegant und romantisch.

Und wie wir so entspannt und elegant romantisch auf der Couch sitzen, da sage ich zu meinem Mann: „Aber den Rasen, den mahst bitte scho no, bevor wir heid zum Essen genga. Weil des hast du mir versprocha!" „Kann i mi null dran erinnern", sagt er und grinst.

Ja, irgendwann drehe ich noch durch mit ihm. Und spätestens dann lasse ich mich wirklich scheiden. Aber heute, heute erst mal doch nicht.

Schwierige Frau

„Eva, du bist a schwieriger Mensch!"
Es gibt kaum einen Satz, den ich in meinem Leben öfter gehört hätte. Auch im letzten Jahr haben mir den Satz wieder einige Leute gesagt. Der Handwerker, der andere Handwerker, der Architekt, der technische Zeichner, meine Mama, mein Papa, meine Brüder, mein Mann, ein guter Kumpel, ein befreundetes Pärchen, sogar ein Poet und zwei bis drei Kolleginnen sowieso und alle anderen Leute – um mal ehrlich zu sein – haben es sich gedacht.

Bald ist es soweit. Ja, bald werden auch meine Kinder bemerken, dass ich die Schwierige bin. Die, die zu viel denkt, die, die gerne einmal mehr nachfragt, als für alle angenehm ist. Sie werden kapieren, dass ich die bin, die irgendwelche bösen Vorahnungen hat und die auf Sachen, auf die sich alle einigen können, ziemlich sicher keine Lust hat.

Das war schon in der Jugend so. Alle hatten Buffalos an, ich nicht. Alle mochten süßen Rotwein und ich trank Bier. Alle hörten Linkin Park und ich mochte immer noch Nirvana. Das Ganze hat bei mir einfach Methode. Ich bin so.

Und das wird auch meinen Kindern in den nächsten Jahren auffallen, dass das immer noch so ist. Sie werden langsam erahnen, dass ihre Mama keine Plätzchen backen kann, keinen Smalltalk führen und keine Fenster putzen. Sie hat oft keine Lust auf Leute und sie macht manchmal Spaziergänge im Wald und singt laut oder rezitiert Texte. Das bin alles ich.

Genauso wie meine Mama früher immer die ungeschminkte Mama zwischen den 80er-Jahre-Müttern war, meine Eltern früher keine Limo gekauft haben und mein Papa so ziemlich alles ablehnte, was mit technischem Fortschritt zu tun hatte. Nein, wir bekamen kein VHS-Gerät, unser grünes Wählscheiben-Telefon wurde 250 Jahre alt und wir fuhren auch niemals nach Italien in den Urlaub. Weil da ja alle waren. „I bin doch ned bled!", kommentierte mein Papa unsere Wünsche nach mehr Technik, mehr Kommunikation und mehr Strandurlaub. Und rückblickend finde ich: Er war auch gar nicht so blöd. Mit drei Kindern und mit einem nicht klimatisierten 80er-Jahre-Auto, das Anfang der 90er zehn Jahre alt war, nach Italien fahren? Vollkommener Wahnsinn! Ich verstehe es inzwischen total, dass er sich das erspart hat.

Und dann noch so straight: „Bibione? Niemals, do mechd i ja ned doud über Zaunlattn hänga!"

Es scheint ein erbliches Phänomen zu sein. Wenn ich mich in meiner Familie so umschaue, dann sind die bajuwarischen Freigeister klar in der Überzahl. Ein Verwandter von mir wohnte ja in einer Höhle, obwohl er locker einfach in einem Haus wohnen hätte können.

Meine Oma erkämpfte für ihre Töchter höhere Schulen, und auch ansonsten sind alle eher so – anders.

Und meine Tochter ist wieder so anders. Ich merke das ganz deutlich.

Es scheint a erbliches Phänomen zu sein. Irgendwo im Genpool verankert. Quasi in der Oberpfalz der DNA. Einem Ort, wo es eher kühl ist, nebelig und vermutlich genetisch weitgehend unerforscht. Da sitzt es, das Obstinate. Der innere Widerstand. Das etwas Andersartige. Das leicht Verspulte. Das, was unser Schulsystem immer gerne auszumerzen versucht. „Die Eva braucht immer eine Extrawurst. Sie hat neulich auf ihr Bild Holzkugeln und Plastiksterne geklebt", dieser Satz meiner eigenen Erzieherin im Kindergarten ist mir noch immer sehr präsent. Dabei war das ja keinesfalls böse gemeint, dass ich bei der Muttertags-Bastelarbeit 1987 nicht nur das Eine oder das Andere verwendet habe. Ich konnte mich einfach nicht entscheiden und habe zu den Plastiksternen noch zwei Holzkugeln dazu geklebt. Ich dachte einfach, dass dieses „entweder – oder" eher so eine Empfehlung gewesen wäre … Das war schwierig. Also nur für meine Erzieherin. Nicht für mich. Ich habe mir den Satz für immer gemerkt – und mich auch seitdem immer gewundert. Mein Baum war doch schön!

Und jetzt ist es eben meine Tochter, die Probleme hat. Im Kindergarten, in der Schule – so im Zwischenmenschlichen, wie man es gerne sperrig ausdrückt. Den anderen Kindern fällt wohl zunehmend auf, dass sie anders ist. Und sie, sie weint viel daheim. Sie darf nicht mitspielen, sie ist die Komische, sie ist bei den fünf Mädels der „Bande" wohl die EINE zu viel. Wenn ich ihr so zuschaue, gibt mir das alles einen groben Stich in mein Herz und ich frage mich nicht nur, wie ich ihr helfen könnte, sondern auch, ob ich das machen soll. Muss sie da denn alleine durch? Nerve ich sie, wenn ich ihr Ratschläge gebe? Was sage ich? „Wenn was ist, ich bin da?" – Woher weiß sie denn, aber wann man Hilfe braucht? Sie hat ja vielleicht gar kein Konzept dafür, dass es nicht normal ist, dass sie weint abends.

Vor allem hege ich den leisen Verdacht, dass es den Kindern nicht wirklich auffallen würde. Es sind dann oft schon die unbedachten Äußerungen der Lehrerin und die Gespräche daheim mit den Eltern, die aus einem einfachen Kind die machen, die immer eine Extrawurst braucht. Oder eben die, deren Mutter eine nasche[13] Künstlerin ist, die auf Instagram tanzt.

Aber da kann doch meine Tochter nichts dafür, dass ich mein Geld mit Humor, Schreiben und allerlei brotlosen Dingen verdiene.

Man kann ja vielleicht trotzdem ganz gut Barbie spielen mit ihr. Obwohl ich eine getrennte Mutti mit seltsamem Beruf bin.

Diese Grübeleien machen mich unglaublich zornig. Manchmal würde ich so gerne mit Flammenwerfern und drei Schlägern im Schlepptau in den Kindergarten oder in die Schule ziehen und kurz mal einen kleinen Aufriss machen. Nein, ich will natürlich nicht körperlich werden. Sondern nur zeigen: Meine Kinder haben einen Hinterbau. Legt euch nicht mit denen an. Und dazu soll es saulaut „Sabotage" von den Beastie Boys spielen – und vielleicht würde ich mich sogar – trotz schlimmer Höhenangst – so A-Team-mäßig von einem Helikopter abseilen.

Ich gebe es zu. Wenn es um meine Kinder geht, dann muss ich mich unfassbar zurückhalten. Ich würde gerne brandschatzen, rauben und plündern, wenn sie schlecht behandelt werden. Ich würde mich für sie vor ein Auto werfen, jeden Konflikt austragen und manchmal – manchmal stehe ich für sie sogar sehr früh auf.

---

13 nasch = verrückt

Aber braucht es das denn? Dieses Löwenmama-Ding? Und wenn nein, warum scheine ich das denn so zu brauchen?

Ich denke nach. Und sehe mich selbst dasitzen. Ich sehe mich in einer Klasse alleine an einem Pult und weiß: Das war damals schon so. Die, die anders sind, denen wird das gesagt und gezeigt. Und zwar so lange, bis die, die anders sind, denken, dass sie falsch wären.

Und ja, das war schon bei mir so. Ich war die Laute, die Lustige, die mit der Extrawurst, die, die lieber mit Jungen gespielt hat. Oft auch die Anstrengende, die Bockige. Die, die mit ihrem, während der Kindheit viermal eingegipsten, Arm ihre Freunde und Freundinnen verteidigt hat. Und die, die sich furchtlos mit jedem angelegt hat, auch mit Lehrerinnen. Und die, die Dinge hinterfragt hat, später keinen BH trug, immer geträumt hat und die, der Musik so wichtig war, dass sie immer in ihrer Phantasie Filmszenen ablaufen hat lassen, die mit ganz bestimmten Liedern unterlegt waren. Und schwupps, war wieder ein Schultag vorbei. Und ich war viel allein.

Ich war immer allein. Ich war irgendwann alleine mit sechs Jahren in Judo, weil alle beim Ballett waren. Ich war alleine zu Hause, wenn alle mit 15 schon weggehen durften, und ich war die Einzige mit einem „Doors"-T-Shirt zwischen gefühlten 345 000 Backstreet-Boys-Fans. Manchmal habe ich mich gefühlt, als hätte ich seit Geburt einen Stempel mit „Schwierig" auf der Stirn. Natürlich habe ich auch deswegen Herman Hesse abgefeiert, weil Kainsmal und Demian und alles einfach.

Und natürlich kam es irgendwann, wie es kommen musste: Ich war gerne allein. Und das blieb so. Ich gehe immer noch gerne alleine spazieren. Ich fahre immer noch gerne alleine Auto. Eigentlich nutze ich so ziemlich jede Art der Fortbewegung gerne alleine. Ich schreibe diese Zeilen aktuell alleine in einem ICE. Ja, da sitzen noch andere

Menschen, aber ich bin eben alleine reisend. Und das ist super. Weil, ich schreibe auch gerne alleine, ich lese gerne alleine. Ich schaue oft und leidenschaftlich ein wenig vor mich hin alleine. Ich koche oft alleine und ich arbeite alleine im Garten, putze alleine. Kurzum: Ich bin viel und sehr, sehr gerne alleine.

Nicht, weil ich nicht gesellig wäre. Ganz und gar nicht. Ich kann hervorragend auf dem Tisch tanzen, lachen, ratschen und blödeln. Aber ich tue mich unwahrscheinlich schwer damit, Menschen zu finden, die ähnlich anders sind als ich oder zumindest meine Art einfach akzeptieren und mich sein lassen.

So bin ich quasi angelernt gern alleine. Ich bin alleine, weil ich das zuerst lernen musste und es aber jetzt nur noch so kann. Und wenn ich mal nicht alleine sein will, dann rufe ich auch Leute an, die ich nett finde. Oder schreibe. Aber ich bin am Ende des Abends trotzdem allein. Niemand hat Zeit. Andere Leben, Eva. Anderer Rhythmus. Und ich befinde mich daher zunehmend außerhalb meiner Komfort-Zone, wenn ich auf andere Menschen treffe. Es ist daher schier unvermeidlich, dass ich – gerade beim Aufeinandertreffen mit anderen Leuten aus Zwang – irgendwie anfange, ganz komisch unangenehm zu fremdeln. Kompromisse sind sehr schwierig für mich. Gemeinsam etwas erarbeiten? Kann ich nicht. Außer mit meiner Freundin Caro, die auch immer auf zwei Einzelzimmer besteht, wenn wir miteinander in einem Hotel sind. Die ertrage ich gut, weil sie auch leidenschaftlich gerne alleine sein kann. Aber ansonsten? Gemeinsam auf einen Weg einigen? Ich gehe halt immer dahin, wo ich meine hingehen zu müssen. Ich kenne mich. Ich mag mich. Ich fühle mich alleine sehr wohl.

Ja, ich bin eine schwierige Frau. Ich bin nicht einfach für alle, aber ich gebe mir trotzdem Mühe. Ich bin meine größte Kritikerin.

Wenn ich auf das letzte Jahr zurückschaue, zum Beispiel, dann könnte ich mir tausendmal in den Hintern beißen. Ich denke mir, dass ich einmal mehr nachfragen hätte sollen, dann hätte ich mir einiges nicht versaut. Oder, dass ich das ein oder andere Mal vielleicht besser nicht nachgefragt hätte, weil dann wäre da und dort noch einiges gut. Und überhaupt: Wo ich doch weiß, dass Kommunikation bei mir so oft schief geht, warum habe ich eigentlich nicht einfach gleich nie irgendwas gesagt. Stille stünde mir so oft so gut. Ich hätte sehr oft einfach ein unaufgeregtes und zufriedenes Leben führen können, wenn ich etwas stiller geblieben wäre. Einfach mal zufrieden sein und eine Situation so annehmen, wie sie ist. Warum kann ich das nicht?

Immer wieder denke ich mir: Warum kann ich nicht mal unauffällig mit dem Strom schwimmen? Warum kann ich nicht einfach nur lieb und lustig sein? Warum muss ich mich immer irgendwo spießen? An irgendetwas abarbeiten? Warum bin ich eigentlich so und warum bin ich ständig alleine und warum vererbe ich das auch noch an die einzigen Menschen, mit denen ich wirklich sehr gerne zusammenwohne: meine Kinder?

Ob ich wohl noch mal normal werde? Ich bin jetzt Mitte 30. Ok, ich bin Ende 30. Ob das jetzt ausgerechnet besser wird? Immerhin habe ich ja ein paar Freundinnen. So Leute, die auch nicht ganz reinpassen. Ich denke an alle, die bei Ikea auch mit Mitte 30 kurz vor dem Rauswurf stehen, weil sie stundenlang „Friends" in der Ausstellung nachspielen. Ich denke an alle Seltsamen, Komischen, Grantigen. An alle, die auch alleine sind. Und das gerne. Und mir fallen nach einer Zeit richtig viele Leute ein. Und niemand davon war mit mir im Kindergarten. Diese Freundinnen, die trifft man erst im Laufe des Lebens. Die sind nicht automatisch immer zufällig in der Klasse, in die dich der Schulsprengel reinhockt. Die Leute sind auch gar nicht im-

mer genau gleich alt. Wie die Damen aus der Garderobe des Stadt-
theaters aus der Einleitung.

Ich habe angestrengt darüber nachgedacht, wie ich das alles meiner Tochter vermitteln könnte, dass sie genau richtig ist – und ihr Leben einfach nur wie der sprichwörtlich gute Wein: Sie wird sich mit
der Zeit immer leichter tun. Sie braucht die Anerkennung nicht von
außen. Sie muss gar nicht genauso wie alle anderen Kinder sein.
Denn genau das wird irgendwann ihre geheime Superpower sein, vor
allem, wenn sie das einfach annimmt und sich nicht kleinmachen
lässt.

Und wie sage ich ihr das? Wie vermittle ich so etwas Komplexes
mit dem Bauch voller Wut darüber, dass immer noch alles genauso
verkorkst und angepasst ist wie in meiner Jugend und Kindheit?
Wenn nicht sogar noch mehr. Wie gehe ich um mit Eltern, die ihre
Kinder nicht mit meinen spielen lassen, sondern mit den Kindern der
Eltern mit ehrbareren Berufen als Kabarettistin? Was mache ich,
wenn mir die Galle hochkommt, weil ich bemerke, dass der Bub, mit
dem mein Sohn gerne mal einen Nachmittag abhängen würde, immer wieder „keine Zeit“ hat, weil ich leider keine Chirurgin bin, sondern nur alleinerziehende Künstlerin?

Jedenfalls will ich bloß nicht wieder dem Image der schwierigen
Frau entsprechen. Wenn ich da jetzt voller Wut zurückschreibe oder
auch nur im Ansatz sage, was ich wirklich denke, dann fühlen sich
wieder alle bestätigt. Ich habe für mich daher beschlossen, die Contenance zu wahren und mich nur auf die Leute zu konzentrieren, die
uns so nehmen, wie wir sind. Aber meine Kinder, die verstehen das
natürlich nicht. „Warum hat der Michi nie Zeit?“ „Weil seine Eltern
solche Menschen sind, die mir in Nachrichten schreiben, dass ihr
Sohn nicht mit dir spielen will!“ Schwierig. Kann ich ja nicht antworten. Was soll ich da überhaupt antworten? Ich entscheide mich für:

148

„Du, der Michi, der mag nicht mit dir spielen!" „Aber das mag er. Hat er heute im Kindergarten gesagt!" „Tja, seine Mama hat mir gerade geschrieben, dass er nicht will!" „So a blöde Sau!" – Schweigen – Ich unterschreibe innerlich das Fazit meines Sohnes mit der vollsten Vehemenz, kann das aber natürlich nicht mitteilen, weil er das sonst morgen im Kindergarten dem Michi erzählt. Also, dass ich auch gefunden hätte, dass dem Michi seine Mama eine blöde Sau sei.

Ich schweige. Das schmeckt mir aber so gar nicht. Erstens bin ich noch sehr wütend, weil meine Kinder diese Kämpfe austragen müssen, die Eine, weil sie so kreativ-chaotisch ist wie ich, der Andere, weil wir keine Ärzte sind. Und auch nicht mehr verheiratet. Langsam mischt sich in meine Wut auf alles auch noch ein schlechtes Gewissen. Müssen meine Kinder jetzt unsere Lebensentscheidungen ausbaden?

Wie immer, wenn ich saugrantig bin, mache ich einen Spaziergang. Dieses Mal nicht wie sonst alleine, sondern mit den Kindern. Leider wohnt der Michi im Nachbardorf. Aber die fünf Kilometer zu Fuß kommen meiner Wut quasi direkt entgegen. Die Kinder keuchen etwas, aber wenn man ein Exempel statuieren will, dann muss man manchmal aus der Komfortzone raus. Kurz vor dem Garten vom Michi werden wir etwas langsamer, auch weil vor uns ein Fendt fährt und wir gezwungen sind, unseren Spaziergang auf zehn km/h runterzubremsen.

Mein Sohn und meine Tochter bemerken von meinem Feldzug gar nichts. Der Kleine philosophiert angesichts des Traktors etwas länger über verschiedene Bulldogg-Marken. Als wir Michis Garten erreichen, gehen wir eigentlich nicht mehr. Wir bewegen uns nur noch minimal fort. Ich möchte möglichst lange an dem Zaun der Familie vorbeispazieren. Mein Sohn spricht praktischerweise sehr laut. Und ich scanne hinter meiner Sonnenbrille den Garten, ob der Michi da nicht irgendwo herumlaufen würde. Tatsächlich. Er steht, wie praktisch, auf dem Klettergerüst und will gerade rutschen. Der Michi sieht uns und schreit den Namen meines Sohnes. Mein Sohn unterbricht seine Ausführungen über Landwirtschaftsgeräte gerade, wo es bei Porsche-Bulldoggs einigermaßen spannend wurde, und winkt dem Michi. „Hey Spezi! I hab ghert, i derf ned zu dir kemma!" Der Michi erstarrt kurz. „Häää? Wos?" Er rutscht. Und ich lehne mich innerlich zufrieden zurück. Wusste ich es doch: Der Bub hatte keine Ahnung davon, dass mein Sohn vorbeikommen wollte. Michi rennt zum Zaun und schon nach zwei Takten war klar: Seine Mutter hatte ihm die Geschichte seiner Nachmittagsplanung etwas anders erzählt. „D'Mama hat gsagt, dass du koa Zeit hast und dass dafür der Pascal kimmt!" Aha, der Arztsohn. Wie günstig, wenn man sozial aufsteigen will und/oder Krampfadern hat, weil Pascals Vater war ein ausgezeichneter Venen-Spezialist. Diesen Krampf würde ich der Mama vom Michi ziehen, da bin ich mir sicher. Und wie wir da so stehen, kommt die auch schon angerannt. „Mei, so eine Überraschung, gell, Michi!" Der Michi findet es eigentlich gar nicht mehr überraschend, der Michi schaut inzwischen ziemlich grantig und will von seiner Mama wissen, warum sie gesagt hat, dass mein Sohn keine Zeit hat, wo er doch offensichtlich nichts zu tun hat! „Oh mei, des war a Missverständnis, Michi!" Ich muss schmunzeln. „Ja, wie sie nur immer so schnell die Meinung ändern, diese Kinder, gell?", haue ich der Mama vom Michi spöttisch entgegen. Den Rest des Nachmittags verbringe ich wieder alleine. Aber das kann ich ja sehr gut. Meine kreative Hippie-Tochter und meinen verhinderten Arztsohn habe ich bei einem sehr glücklichen Michi im Garten gelassen. Der Pascal ist dann auch noch gekommen. Und am Ende sind alle Kinder zufrieden, dreckig und müde gespielt. Ganz unabhängig vom Beruf ihrer Eltern und der Tatsache, dass sie vielleicht anders sind als andere Mädchen. Weil wenn man gerade eine richtig gute Gaudi hat als Kind, dann interessiert das wirklich keinen Menschen.

Dating in Zeiten der Apokalypse

Als ich mich frisch getrennt hatte, war ich mir sicher, dass ich lieber sterben würde, als noch einmal ein männliches Wesen außer meinem Sohn in unser Haus einziehen zu lassen. An dieser Haltung hat sich nichts geändert, keine Angst. Leider wussten das die Männer um mich herum nicht. Einige besonders lustige Kasperlköpfe begannen vollkommen ahnungslos mit mir zu flirten. Manche waren auch einfach sehr nah verbandelt, so nah, dass ich garantiert die Finger von ihnen lassen würde.

Es amüsierte mich, wie mir einmal mein Radhändler ein eindeutiges Angebot machte und ich daraufhin auf Online-Handel umstieg. Ich fand es auch etwas mühsam, dass manche Leute so gar nicht gecheckt haben, dass es mit uns nicht mehr als Freundschaft werden konnte, weil ich mich schlicht nicht in jeden verliebe, nur weil er nett ist. Und auch nicht in jeden verliebt bin, den ich mal nach einem Bier frage.

Abgesehen davon, dass ich mich gar nicht verlieben wollte, weil ja eine ernsthafte Beziehung mit Zusammenziehen für mich sowieso ausgeschlossen war. Und beispielsweise eine Liebe im Dorf würde bedeuten, dass sie funktionieren muss, weil man sonst in der Kirche allein sitzt und beim Bratwürstelessen. So etwas fange ich erst gar nicht an. Eine Liebe mit eigenem Haus in einem Drei-Kilometer- bis 1000-Kilometer-Radius um mein Haus herum, das wäre ok. Am besten nichts Verbindliches. Jemand, der damit klarkam, mich nur an meinen kinderfreien und auftrittsfreien Wochenenden einmal zum Essen ausführen zu dürfen. Ja, das klang gut. Jemand mit eigenem Geschäft, der verstand, dass ich einfach keine Zeit hatte für Dauerbelagerung und absolut keine Lust mehr auf so eine Doppeltes-Lottchen-Sache, weil ich einfach denke, dass alle Beziehungen immer und zu jeder Zeit scheitern. Und zwar an den gleichen Sachen. Weil ich ein gebranntes Kind bin und exakt mit keiner Frau dieser Welt tauschen würde und es eher als Erfolg und nicht als Scheitern sehe, wenn man alleine gut durchs Leben kommt.

Jaja – ich weiß –, es gibt auch gute Ehen, aber verschont mich damit. Ich will keine Beziehung, auch wenn diese zwei SchauspielerInnen mal total glücklich 45 Jahre verheiratet waren. Das kann alles sein, aber für mich wird das nichts mehr. Niemals.

Aber natürlich bin ich nicht aus Holz und mag auch Männer. Zumindest in den ersten beiden Wochen. Also, was sollte ich tun?

Ich überlegte mir, dass ich jetzt einfach an den Tagen, an denen ich kinder- und auftrittsfrei hatte und am nächsten Tag nichts zu tun – also an einem Abend in zwei Monaten –, konsequent zum Aufgabeln in die Stadt gehen würde. Und das dann alleine! Weil alle meine Freundinnen und Freunde gerade in monogamen Zwei-Kind-Beziehungen stecken, die zwar teilweise schon fast geschieden sind – aber halt noch nicht final.

Meine paar Single-Freundinnen wohnten in München. Gut, dann gehe ich eben den einen Tag im Monat in München weg. Zack! Ich hatte das mit mir selbst total fein ausgemacht. Dann kam die Pandemie.

Bis ich schaute, saß ich hauptsächlich auf der Couch abends. Mit einem alkoholfreien Weißbier, weil ich keine Mama werden wollte, die abends in einer Pandemie alleine trinkt. Da hätte ich mich gefühlt wie die Allerletzte. Mir war unfassbar langweilig. Da schrieb mir meine Freundin Sabine, eine der Single-Frauen in München, dass sie einen ganz netten Typen auf Tinder kennengelernt hatte.

Sie schrieb mir alle Details, so wie es viele Frauen machen, jeden Abend. Ich hatte Screenshots, Fotos und auch den allgemeinen Chatfortschritt der beiden immer im Blick. „Was meinst du, ob der wirklich Pilot ist?" Naja, er hatte viele Bilder von sich vor Fliegern, aber das heißt ja nix. Auch eine Uniform kann ausgeliehen sein. Was sagt das schon? In meiner Freundin und in mir breiteten sich Zweifel aus, wie die Wüste im Westen der USA.

Ich wurde jedoch immer wieder abgelenkt, denn auch alle meine Single-Freundinnen hatten online viel zu tun dieser Tage. Die Inzidenzen schossen nach oben, die Libidos meiner Freundinnen auch. Nach einem Monat im Lockdown hatte ich eine Sehnenscheidenentzündung vom vielen Nachrichtenschreiben mit der Tinder-Fraktion meines Freundeskreises. Nachrichten über relativ virtuelle Herren. Unser liebstes Spiel war es eigentlich, die Lüge der Tinder-Bekanntschaften aufzudecken. Natürlich war niemand Pilot, natürlich gab es unter den mutmaßlichen Singles wesentlich mehr verheiratete Familienväter als zuvor angenommen. Und natürlich blieben wir alle brav in unseren Wohnungen und entsagten allen Treffen. Außer natürlich Spaziergängen. Und das fasste meine Freundin Vroni einmal so zusammen: „Mei, i bin no ned 300 Schritte mit dem ganga gwen, da hab i scho gwusst, dass er an Lattenschuss hat!"

Ich war immer noch nicht auf Tinder, weil ich auch befürchtete, dass das Tinder meines Dorfes genau aus einer Person bestehen könnte. Und wir hätten eh nicht gematched. Wenn „Tinder München" schon so ein Gruselkabinett war, was sollte dann da schon dabei rauskommen.

Vroni schrieb mir – es war um Nikolaus rum –, dass der Lattenschuss plötzlich vor der Haustüre stand. Als Nikolaus verkleidet. „Und was hast dann gemacht?" „Ich habe ihn ganz langsam von oben nach unten angeschaut und hab die Türe zugemacht. Und den Riegel vor." Der arme Lattenschuss. Während wir alle daheim saßen, meldeten die Nachrichten seltsamste Ereignisse, wie Feuer, Überflutungen, Gasbrände und Trockenheit. Später sollten noch Rekordtemperaturen dazukommen. In den Innenstädten prügelten sich Maskenverweigererinnen mit Maskenträgerinnen, und der Rechtsextremismus wurde anscheinend zu einer ganz normalen Strömung der Gesellschaft.

Vroni schickte mir eines Morgens eine Sprachnachricht: „Eva, ich habe jetzt Facebook und alle Nachrichten-Apps gelöscht. Ich will nichts mehr mitbekommen von dieser Welt." Ich verstand sie. „Ja, komm a bisserl runter. Lösch vielleicht Tinder auch gleich!" „Der Lattenschuss hat mir Blumen vor die Haustüre gelegt und eine Ampulle Blut." Das fand ich furchtbar übertrieben. Ich riet ihr, die Polizei zu rufen. Aber Vroni überlegte zu meinem Entsetzen tatsächlich, ob der Lattenschuss nicht vielleicht doch der Mann ihres Lebens war. „Weil mich noch nie jemand so geliebt hat wie der!" „Vroni, der stalkt dich seit am Lockdown-Spaziergang. Der liebt dich doch ned!" „Eva, ich bin seit Jahren Single. Wir san hier komplett eingesperrt. Ich bin Bühnenkünstlerin und hab alles verloren, kann nicht mal meine Miete zahlen. Alles, was ich will, ist noch einmal Sex vor Armageddon!" Ja, das hatte sie prima zusammengefasst. Aber deswegen konnte man sich doch auch nicht mit einem Wahnsinnigen einlassen.

Mir reichte es. Ich wollte jetzt selbst wissen, was es mit Tinder auf sich hatte. Immerhin musste ich die Sicherheit meiner Freundinnen überwachen. Ich schloss also sicherheitshalber gleich eine Premium-Mitgliedschaft ab. Dann schaute ich mir die Profile der Männer in München an. Weil ich mich für „Tinder Landkreis Regensburg" noch nicht bereit fühlte. In München waren aber alle Profile gleich. Fast jeder Mann, der mir vorgeschlagen wurde, hatte die zehn gleichen Fotos: Ein Foto beim Surfen war extrem wichtig, weil das in München eine hohe Affinität zu den Eisbachwellen[14] symbolisiert. Egal, ob das Foto des Profilinhabers aus dem Jahr 2002 vom Studentensurfcamp aus Biarritz war oder von gestern. Es durfte nicht fehlen. Dazu kamen folgende Bilder: Das Wanderbild in den Alpen, das Poolbild, das Flexbild ausm Fitnessstudio, das Bild in Lederhose, das Bild im Anzug, das Bild mit einem alkoholischen Getränk und Sonnenbrille, das unerwartete und nichtssagende Landschaftsbild und das Spiegelselfie (gerne im Aufzug oder in einem engen Flur).

Wenn das Surfbild gegen ein Bild mit einem Fahrzeug getauscht wird, dann sollte man – so habe ich es zumindest eingeschätzt – schnell laufen, also am Bildschirm wegwischen. Weil Männer, die sich mit ihren Fahrzeugen fotografieren, verheißen nichts Gutes. Das ist eine Regel, die sich in meinem Leben so herauskristallisiert hat.

Nach der Durchsicht der Fotos wunderte ich mich ziemlich darüber, warum die Tinder-Männer denken, dass eine Auswahl an Fotos von sportlichen Aktivitäten für Frauen attraktiv sein könnte. Ich fände es ehrlich gesagt ziemlich erschreckend, wenn ich mit meinem Mann die ganze Zeit wandern, surfen und Leute treffen müsste. Ich stellte später fest, dass es auch Menschen gab, die sich chillend in ihrem Gartenstuhl – das wäre nämlich mein liebstes Hobby – fotografieren ließen. Die waren allerdings schon um die 60. Also auf Tinder 48. Weil ja niemand das richtige Alter angibt. Auch diese Tatsache kann ich nicht belegen, aber bei der Durchsicht der 35-Jährigen habe ich gesehen, dass entweder alle harte Raucher sind, beim Surfen zu viel in der Sonne waren oder eben in Wirklichkeit doch schon 47.

Ich begann mein eigenes Profil zu basteln. Dafür verwendete ich das gleiche Schema wie die Münchner Männer: Ich musste zwar minimal photoshoppen, aber ich wurde zur Surferin. Das Foto im Dirndl

---

14 Fest installierte Surfwellen in einem Münchner Fluss.

war zehn Jahre alt, aber wer wird schon kleinlich sein. Mein letztes Wanderfoto war aus dem Jahr 1993 und ich hing neben meiner Mama ab, die eine Dauerwelle hatte. Aber kein Problem, ich musste mir eben eines einer Freundin schicken lassen, die auf die Weite ähnlich aussah wie ich und längere Beine hatte. Und so ging das weiter. Ich gab noch an, dass ich offen für alles wäre und als Hobby erwähnte ich „Gin Tonic". Das hatte ich bei fast allen Männern als wichtige Freizeitbeschäftigung entdeckt.

Nach einem Tag hatte ich 5200 Likes und davon 125 Matches. Aha. Alle 125, die ich geliked hatte, hatten mich gematched. Ich fühlte mich – trotz Regelschmerzen und Lockdownblues – kurz wie die Königin des Couch-Dating. Ich hatte Tinder durchgespielt! Den Code geknackt. Ich schaute die Nachrichten an.

Es war alles dabei: „HEY", „Hey" und „Hey, du!". Spannend. Mir wurde irgendwie schlecht. Ich suchte mir einen aus, der am absolut vielversprechendsten aussah. Er hatte ein Profilbild, in dem er griesgrämig dreinschaute, und eines, auf dem er eine Tasse hielt, auf der stand: „Insgeheim verurteile ich dich wegen deiner Grammatik". Das fand ich anziehend. Hier war jedes „dass" und jedes Komma wichtig. Eine Herausforderung. Er hatte mich angeschrieben: „Na?" – Wow. Das war ungewohnt eloquent zwischen all den „Hey"s. Ich schrieb eine pointierte, kecke Nachricht: „Servus". Das war es. Daraufhin entstand sehr schnell eine sehr tiefgründige Unterhaltung über Berufe. Ich sei im Marketing, log ich. Er war IT-ler. Klar irgendwie. Alle waren inzwischen IT-ler. Ich verlor alleine bei der Erwähnung von IT schlagartig das Interesse. Daher versuchte ich es noch einmal rumzureißen. Ob er denn an den menschenverursachten Klimawandel glaube, schoss ich hinterher. Er sagte, dass er keine Kinder wolle, weil er eh denkt, dass wir bald alle absaufen oder verbrennen. Das war die richtige Antwort. Mein Interesse war wieder da. Ein Pessimist. Wie attraktiv. Meine Nachrichten wurden liebevoller. Ich stellte mehr

Fragen und fand plötzlich so ziemlich alles, was er schrieb, hervorragend.

Wo er denn in München wohne, wollte ich wissen. Und er schrieb noch, dass es in der „Maxvorstadt" sei. Danach kam nichts mehr. Nie wieder. Ich war nicht nur enttäuscht, ich war todtraurig. Er hatte mich geghostet mitten – okay, kurz vor dem Ende der Welt. Nein, ich war nicht traurig: Ich war absolut stinksauer. „Ich hoffe, du verbrennst im Armageddon", schrieb ich ihm nach drei Tagen Schweigen. Und mit dem Löschen der App wartete ich extra noch weitere vier Tage. Damit ich auch sicher sein konnte, dass er die Verwünschung gelesen hatte.

Vroni rief mich an, dass sie es mit dem Lattenschuss jetzt versuchen werde. Immerhin ist alles besser, als alleine in einer Pandemie zu sitzen, kurz bevor der Klimawandel irreversibel wird. Ich gab ihr recht. Was soll der Lattenschuss auch schon noch anrichten, was irgendeine Relevanz hätte.

Ich beschloss, die Welt in Zukunft alleine untergehen zu sehen. Es ist ja doch nur Ballast, wenn man jemanden liebt – in Zeiten, in denen alles auf dem Spiel steht, dachte ich mir.

Ein paar Wochen später – ich war gerade mitten in einer Staffel „Housewives of Beverly Hills" – wurden die Lockerungen bekannt gegeben. Ich traf mich mit Vroni in einem Biergarten in München. Es fühlte sich verboten an. Der Lattenschuss entpuppte sich als Liebe ihres Lebens, sie war hochdramatisch und gleichzeitig romantisch drauf. Wie es denn mir gehe? „Ach, ich hab mich mit meiner Einsamkeit abgefunden. Ich genieße jetzt noch die Zeit alleine und wenn alles noch schlimmer wird mit der Welt, bleibt mir dann noch der Gifttod." Vroni kannte meinen Sarkasmus, ich sah jedoch eine Sorgenfalte auf ihrer Stirn erscheinen und war davon höllisch genervt. Ich wollte ihren mitleidigen Blick meiden und sah mich um. Am Tisch gegenüber nahm ein Typ Platz und zog die Maske vom Gesicht. Es war der Grammatikmann von Tinder. Unsere Blicke trafen sich. „Samma immer no ned gstorm, gell?!", rief ich zu ihm hinüber. „Na, aber wenn i di so seg, dad i mir wünschen, i warads scho!" „Fertig gnua schaust aus. Kannst glatt als Douda durchgeh!"

Ja, es war Liebe. Und die Apokalypse, die reden wir jetzt täglich so oft herbei, dass ich irgendwann bestimmt keine Angst mehr davor habe.

Ambivalenz einer Ehe

Jeden Tag öffne ich das Internet und frage mich, über was eigentlich alle die ganze Zeit streiten. Jede Meinung ist allumfassend richtig, alle sind unfassbar weise und alle wissen alles am allerbesten. Das ist so, seit wir unsere Namen googeln können.

Und es gibt so viele Regeln. Wer schon mal eine Flugreise gemacht hat, darf sich nicht über SUVs aufregen, wer nicht jedes Glitzerpartikelchen des Nagellacks einzeln recycelt hat, die darf nicht grün wählen. Wer alt ist, darf nicht aufgeschlossen sein, wer jung ist, wählt automatisch grün. Online-Shopping darf nur der verurteilen, der mehrere erfolgreich offline getätigte Einkäufe auf dem Wochenmarkt nachweisen kann – und überhaupt sind wir alle dermaßen rigoros, dass ich mir manchmal wünsche, wir würden alle noch einmal kurz eine Pflichtabendschule absolvieren – Und zwar: Eine allgemeine Wiederholung des Konjunktivs.

Täte – hätte man – würden wir – und die ganzen anderen Relativierungen, die wir scheinbar vergessen haben. Bekannt ist bei einigen eigentlich bloß noch der Irrealis: „Hätte ich doch nichts kommentiert! Hätte ich doch nichts gesagt! Hätte ich doch dieses Internet heute nicht aufgemacht und mich gar nicht erst bei Facebook angemeldet!"

In einer Welt voll brutaler Indikative gibt es eine kleine Bastion – ein unbeugsames Paar –, das an der Ambivalenz festhält: Mein Mann und ich.

Mein Mann kauft Zahnbürsten aus Vollplastik, mit Dreh-Schwing- und Vibrationskopf. Ich habe natürlich eine Zahnbürste aus Bambus.

Mein Mann kauft in Plastik verpacktes Waschmittel aus flüssigem Plastik und ich nehme Efeu aus unserem Garten zum Waschen.

Mein Mann kauft auch gerne mal den Quasiplastik-Leberkäse im Angebot beim Discounter und ein Bier aus der PET-Flasche. Ich esse und trinke grundsätzlich alles nur noch regional und möglichst brav nachhaltig.

Ich möchte meine Metzgerin, meine Bio-Bäuerin und jede gegessene Sau persönlich kennen, nie wieder irgendeine Verbrennung erzeugen, die dem Klima schaden könnte, und ich möchte meine ganze Welt in Wachstücher wickeln. Ich denke oft Stunden darüber nach, ob es der Welt mehr schaden könnte, wenn ich vegane Sachen aus der Kunststoffverpackung esse oder eine Sau aus dem Nachbardorf. Und ich stresse mich dazu wirklich über alle Maßen. Mein Mann sitzt da und isst in Ruhe Cornflakes einer Firma, die armen Leuten Wasser wegkauft. Er unterstützt auch Gockerl-Nuggets von Haltungsbetrieben, die ihre Tiere auch stapeln würden, wenn sie es könnten. Und er unterstützt überhaupt gerne große Mega-Marken, wie die eine Getränkefirma, die deutsches Leitungswasser einfach umbenennt und es teuer verkauft.

Ich bewundere ihn. Nein, er ist nicht total gleichgültig. Aber eben relativ. Dabei ist er kein schlechter Mensch. Er sieht halt die Welt etwas anders als ich. Und damit fährt er nicht schlecht.

Sein Leben ist irgendwie entspannter als meines. Meine Einkäufe kosten immer 50 Euro mehr als die von meinem Mann und dauern eine Stunde länger – ich komme dafür aber mit viel weniger Sachen heim.

Aber wer jetzt denkt, dass es dann bei uns zu Hause krachen könnte deswegen? Nein. Es gibt keine Vorwürfe. Wir sind geduldig miteinander.

Er weist mich ganz behutsam hin und wieder darauf hin, dass mein Bio-Deo tatsächlich an heißen Tagen etwas schneller versagt – so nach zwei Stunden –, und er geht mit mir als stiller Begleiter Schritt für Schritt durch das Labyrinth der Bio-Deos, bis wir dann irgendwann ein gutes finden. Eines, mit dem ich auf Sommerfesten bei 35 Grad nicht mehr alleine an einem Tisch sitze, während es langsam aus meinen Achseln tropft. Nein – eher fließt, wie bei Goethes Zauberlehrling. Das Wasser, das da sich zum Bade hin ergießen soll, das habe ich zwar nicht bewusst gerufen, aber die Bio-Deo-Geister, die werde ich nun nicht mehr los. Dafür alle Mitmenschen. Mein Mann findet das alles auch nicht eklig. Er ist ein absolut zurückhaltender Gentleman, wenn ich ihm immer mal wieder meinen neuesten Deo-Versuch abends präsentiere, dann würgt er nur sehr selten. Obwohl ich ihm meine Achseln direkt unter die Nase halte und sage: „Und? Heid hob i Zitronensaft als Deo gnumma! Hab a guads Gfühl! Was sagst?"

Er nimmt es hin, dass unsere nagelneue Dusche, vor allem der Abfluss und die Fugen, noch immer braun und leicht verschlammt sind, seit ich mit Aleppo-Seife experimentiert habe, und er findet es auch nicht schlimm, wenn ich aus unserem Rasen versuche eine Blühwiese zu machen, in der genau nur Sauerampfer, Breitwegerich und

160

Brennnesseln wachsen. Und leider keine Blumen. Und ich bilde mir ein, dass es ihm sogar gefällt, dass er zweimal im Jahr die – vom Regen eingedrückte – Pracht mit der alten, stumpfen Sense seines Opas mähen darf.

Nein. Mein Mann ist ein Meister des stoischen Ertragens. Und ich gleiche mich an und schweige ebenso, wenn ich von seinem Waschmittel einen Neurodermitisschub bekomme und von seiner Fertigcurrywurst Durchfall, weil ich Glutamat einfach nicht vertrage.

Das hört sich jetzt nicht harmonisch an, ich weiß, aber obwohl wir so unterschiedlich sind, würde ich sagen, dass wir gut zusammenpassen. Einen Abend essen wir Tiere, die ein Scheißleben hatten, in Form von Convenience-Food und am nächsten Tag Roggenbrot mit Bio-Ziegenkäse vom Hofladen aus unserem Ort.

Mein Mann schaut aus wie ein Axe-Model und riecht nach Weichspüler und ich stehe neben ihm und müffle ein wenig mit meinen Achseln, aus denen Wasser läuft. Viele Menschen in unserem Bekanntenkreis verstehen nicht, was wir aneinander finden – wir selber wissen es manchmal auch nicht mehr –, aber es hat noch keinen einzigen Moment gegeben, an dem einer oder eine von uns mal dem jeweils anderen erklärt hätte, wie man das eigene Leben denn verbessern könnte. Es ist uns einfach – auf gut Bairisch gesagt – wurscht. Alle können leben, wie sie wollen. Alles geht. Im Zweifel haben wir einfach beide recht. Wir diskutieren nicht. Also – nicht wegen so etwas.

Wobei – mir ist es jetzt wirklich wichtig, dass man mich hier nicht falsch versteht. Ich möchte das noch einmal ganz klar sagen: Wir sind nicht perfekt. Wir streiten wegen der Freizeitplanung, wegen Erziehungsthemen und manchmal auch einfach, weil jemand von uns beiden schlecht drauf ist.

Aber wir machen aus unserem Leben keinen Glaubenskrieg. Wir glorifizieren unsere eigenen Ideale nicht. Es ist ok, wenn der Partner, die Partnerin anders handelt. Es ist ok, wenn jemand stinkt wie eine Nivea-Man-Chemiefabrik und die andere riecht wie ein altes Güllefass voller Patschuli. Gott sei Dank. Weil sonst wären wir schon längst durchgedreht.

„Ambiguitätstoleranz" heißt das entspannte Nebeneinander verschiedener Lebensmodelle. Das habe ich zuvor im Buch schon erwähnt. Früher gab es das sogar öfter in den Medien. Das war in der Zeit, bevor alles zu haarsträubenden Diskussionen angespitzt wurde. Vor Nachmittagstalkshows. Und vor ihrem legitimen Nachfolger: Facebook.

Damals, bevor du dich unwiederbringlich entscheiden musstest: Gehörst du in dieses Eck oder in dieses? Bevor man sich hauptsächlich mit einer Bubble umgeben hat, die einem selbst ständig nach dem Mund redet und man selbst der Bubble genauso. Und man alles aneinander einfach undifferenziert super findet, was man so macht.

Mein Mann und ich, wir erschrecken immer richtig, wenn wir so Menschen mit starken Meinungen treffen, weil wir das ja gar nicht gewohnt sind, dass man über sowas wie ökologische Überzeugung überhaupt streiten kann.

Naja – gut, das ist jetzt auch übertrieben. Es ist – wie gesagt – auch bei uns nicht immer so harmonisch. Auch wir stoßen manchmal an unsere Grenzen. Wenn wir auf der Autobahn fahren und ohne Not wegen meinem Mann an einem Fast-Food-Laden halten, dann würde ich mich oft gerne aus Protest, wie eine Polizistin bei einer Verfolgungsjagd im Film, aus dem fahrenden Auto kugeln lassen und ihm die Reifen seines Dieselautos mit der Knarre kaputtschießen.

Und wenn ich mit dem Kochen dran bin und es gibt Grünkern-pflanzerl, dann schaut mich mein Mann oft so an, als würde er mir mit den Pflanzerln gerne das Gesicht einreiben. Mehrmals. Und die Hummus-Joghurt-Soße, die ich zum Dippen dazu gemacht habe – die würde er sicher gerne den Hühnern der Nachbarn geben, dass die endlich an Durchfall sterben, weil er den Hahn hasst. Das weiß ich. Jede Tierhaltung außerhalb der Legebatterie ist für ihn absolut sinnbefreit, weil er letzten Endes ein unmöglicher Kerl ohne auch nur einen Funken Empathie ist, da bin ich völlig sicher. Neulich beim Es-sen – es war einer dieser Tage, an denen wir Fertig-Cordon-bleus von unglücklichen Schweinen aßen – habe ich mir geschworen, dass ich es ihm heimzahlen würde. Wegen Menschen wie ihm ist der große Wasserspeicher unter der Wüste von Nevada ausgetrocknet. Wegen Menschen wie ihm werden unsere Kinder zu gleichgültigen Hedo-nistinnen, denen das Gemeinwohl und der Nächste vollkommen wurscht sind. Außer der Nächste hat ein paar Freifahrtscheine für die Aida oder einen kostenlosen Eintritt in den Europa-Park.

Über das tote, industriell panierte Tier hin fauche ich ihn an: „Bloß dassd as woaßt, wenn du no oamal de Zahnpasta mit den Plastikpar-tikeln kaufst, dann biesel ich dir in das 3-in-1-Shampoo mit den Sili-konen nei!"

Aber ein wenig Reibung ist halt immer und ich glaube, wir bleiben bis zum Weltuntergang zusammen. Schon alleine deswegen, weil wegen Leuten wie ihm die Welt erheblich schneller untergehen wird. Vielleicht auch schon morgen.

Abschied von der Dissonanz

Das Jahr kann eigentlich so schön sein. Man könnte aus dem Sommerurlaub erholt zurückkommen und es könnte einfach mal nichts Großartiges passieren. Außer Ruhe, dem Alltag und hin und wieder einem schönen Wochenende. Aber nein. Es fängt bei uns eigentlich immer schon nach dem Sommerurlaub an, dass mich irgendjemand fragt: „Und? Was macht ihr an Silvester?" Silvester – der Endgegner. Kommt zuverlässig nach Level Acht im Jahreskreis – so ab September – langsam angehoppelt.

Ja, was machen wir an Silvester? Keine Ahnung. Schon die Frage macht mich verrückt. Weil das letzte Viertel des Jahres ja noch gar nicht vorbei ist. Keine Ahnung, weil ich noch Aloe Vera auf meinen Sonnenbrand von Bibione schmiere! Keine Ahnung, weil davor meine Kinder noch Martinslaternen basteln und wir uns in der Familie noch mindestens einmal ein Norovirus einfangen. Und während wir von diesem Norovirus befallen sind, fühlen wir uns so elend, dass eigentlich niemand von der Familie mehr glaubt, dass wir noch heil rüber ins nächste Jahr kommen könnten. Und überhaupt: Keine Ahnung, weil wenn eines der Kinder an Silvester krank wird, dann machen wir eh nix. Und erfahrungsgemäß sind nach den Feiertagen eigentlich immer alle krank in der Familie.

Aber klar, so wie man nicht alles, was nervt, immer von sich weghalten kann, so kommt natürlich auch diese Frage wieder sehr sicher. Und dann antworte ich meistens fast wahrheitsgemäß mit: „Ach, du, wir machen uns da keine Pläne, weil wir Silvester nicht sonderlich mögen. Und wir sind sicher eh erkältet!"

Die Leute, denen Silvester und die Pläne aller an diesem Datum anscheinend sehr wichtig sind, haben für solche pragmatischen Ansätze zum Jahreswechsel aber meistens relativ wenig Verständnis.

Man müsste doch was planen – trotzdem. Was wäre denn, wenn man an Weihnachten mal nicht ein Potpourri an Erkältungsbakterien einsammelt und dann stünde man da und hätte keine Pläne für Silvester?

Und meistens verunsichert mich diese schlüssige Argumentation, weil ich schon sehr oft sehr trostlose Silvester hatte, und das hat mir auch wieder nicht so gepasst. Da sitzt man dann auf der Couch, der Mann ist neben dir eingeschlafen um 23:20 Uhr und man hinterfragt voller Blues um 0:00 dann nicht nur das eigene Leben, sondern auch die Ehe und das Gründen einer Familie. Und man spürt tief in sich drin, dass das Leben gerade irgendwo wunderbar tobt, aber eben nicht bei mir am Sofa. Weil das eigene Leben vermutlich schon längst vorbei ist. Und das zum Jahreswechsel – dazu spielt der ZDF-Hit-Countdown „Fernando" von Abba.

Ich überlege. Was käme denn für uns infrage? Die Kinder zur Oma bringen und uns in der Innenstadt von Böllern abschießen lassen? Mit den Kindern und Freunden feiern und warten, bis alle nacheinander entkräftet umfallen – außer den Kindern? Und dann sind wir am ersten Januar alle saumüde, während ich einen Kopf von der Bowle habe.

Oder wir gehen ohne Kinder zum Essen, was bedeuten würde, dass wir von zehn bis zwölf die Zeit totschlagen und darauf warten, dass wir endlich anstoßen können. Aber gut, einer muss ja noch fahren … Und die Verkehrskontrollen an Silvester: ganz heikel!

Ich überlege weiter. Es gibt eigentlich nur zwei Szenarien, wie ich Silvester glücklich verbracht habe: und zwar jedes Mal, wenn ich es verschlafen habe, und jedes Mal, wenn ich bei meinen Eltern auf der Couch gesessen bin und alle Wiederholungen von „Ein Herz und eine Seele", Loriot und „Dinner for One" angeschaut habe, die das Fernsehprogramm so hergegeben hat. Und dazu gab es Salzstangen und Sekt mit O-Saft. Und davor ein Fondue.

Letzten September habe ich eine Freundin getroffen und sie hat mich nach meinen Silvesterplänen gefragt. Es hatte 30 Grad, ich rührte in meinem Eisbecher, und ich habe sie sehr lange angesehen. Und dann habe ich ihr gesagt, dass ich natürlich schon einen Plan habe. Schon seit Juni. Ich fahre um drei am Nachmittag mit meinem Fondue-Topf, einem Pfund Fett, meinem Anhang und einer Packung Salzstangen zu meinen Eltern. Dort tauche ich nach einem ausgiebigen Fettfondue mit Fertigsoßen ausgiebigst meine Salzstangen in Sekt mit Orangensaft und um zwölf, da schauen wir uns das fantastische Feuerwerk meines Heimatdorfes an. Das schon immer – auch zu Zeiten von Böllerverboten – von nur einem böllernden Haushalt abgeschossen wird. Der Nachbar arbeitet viel im tschechischen Grenzgebiet und deckt sich dort auf Märkten mit illegalen Sprengkörpern ein. Einmal sprengte er sogar ein metertiefes Loch in die Teerdecke unserer Straße.
Und mehr gibt es da nicht.

Und die Kinder? Ja, die Kinder werden rund um die Uhr von der Oma bespaßt, meinen Mann stelle ich mit zwei dunklen Bieren ruhig und mein Papa und ich werden eins mit der Couch.

Wir sitzen dann da, haben beide Trainingsanzüge an, weil man das bei unserer Familie so macht – und dazu gemütliche, selbstgestrickte Socken. Wir schauen alles, was im Fernsehen so wiederholt wird. Und wir lachen jedes Mal wieder. Über die gleichen Sachen. Und je mehr Sekt mit Orangensaft ich trinke, desto mehr muss ich mit dem Papa lachen. „Pass auf, jetzt stolpert er gleich über den Tigerkopf! Skøl, Miss Sophie!"

Ich schaue dann meinen Papa an, der Tränen lacht, und ich würde mir wünschen, das würde sich für immer jährlich wiederholen. Wie Dinner for One.

Meine Freundin hört sich meinen Silvesterplan leicht desinteressiert an und zuckt mit den Schultern. „Joa, das klingt gemütlich!" Sie selbst möchte schon etwas mehr feiern, sagt sie. „Ich habe im letzten Jahr ja auch viel gelernt. Ich muss das schon immer stark feiern, dass ich den Schrott und die schlechten Muster im alten Jahr lasse!"

Ich denke nach, an diesem Septembertag, was habe ich bis hierhin schon gelernt in dem Jahr? Mh. Die Blätter färben sich noch nicht und ich schwitze. Unter meinen Achseln sammelt sich Nässe. Ja, stimmt. Ich habe gelernt, dass es schwierig ist, alles mit Bio- und Ökoprodukten zu ersetzen. Ich habe gelernt, dass man mit Efeu zwar waschen, aber auch Wäschestücke ruinieren kann. Mein Bio-Spülmittel hat die Fettlösekraft einer Entenfeder und bislang konnte ich noch kein festes Shampoo finden, das meine Haare nicht zu schmierigen, leicht nudelartigen Klumpen zusammenklebt. Seit ich feste Seife habe, habe ich manchmal auch Angst mir die Haare zu waschen, weil sie frisch gewaschen eher so wirken, als hätte ich sie mit Butter eingeschmiert. Meinten zumindest meine Kinder. Ich weiß – alle sagen jetzt: „Die beklagen sich auch manchmal über mein selbstgemachtes Eis, meine hausgemachte Teemischung und meine Versuche, Badezusatz aus Natron herzustellen." Und ich hadere grundsätzlich mit allen Tofu-Gerichten dieser Welt.

Was soll ich von dieser Erkenntnis in das neue Jahr mitnehmen in drei Monaten? Dass ich lieber wieder einen Pfeifendeckel auf die Umwelt gebe und alles mit Kunststoffverpackungen, Tensiden und flüssigem Plastik weiter vergifte? Soll doch die nächste Generation sterben – Hauptsache, ich hatte zeitlebens geschmeidiges Haar!

Ich weiß schon, was meine Freundin damit meint, dass sie alles im alten Jahr lassen will, was nervt. Aber – nervt mich nicht einfach irgendwie alles?

„Was hast du denn gelernt?", frage ich sie. „Ich habe gelernt, dass es manchmal besser ist, eine perfekte Situation nicht mit Nachfragen kaputt zu machen. Dinge sind, wie sie sind."

Wow. Das ist natürlich tiefgründig. Ich überlege weiter. Mein Gehirn läuft unter meiner Butter-Frisur auf Hochtouren. Ja, ich habe an einem verschneiten Februartag gelernt, dass man Diesel nicht in einen Benziner tankt. Direkt an der Zapfsäule einer Raststätte habe ich das gelernt. 200 Kilometer von zu Hause entfernt. Mit dem Auto meines Mannes. Ob das zählt? Ich meine – das Auto habe ich ja schon im Februar im alten Jahr gelassen.

Beim Kauf eines neuen Autos habe ich vieles über Verbrauch gelernt und darüber, dass man Diesel eigentlich gar nicht mehr tanken sollte. Außerdem kenne ich seitdem bestimmt 35 neue Wörter und Begriffe – darunter auch bestimmt 15 leicht beleidigende Schimpfwörter meines Mannes. Würde also schon sagen, dass ich mich weiterentwickle.

Erst neulich – im Juni – habe ich einen neuen Begriff gelernt. Die sogenannte „Kognitive Dissonanz". Der Begriff ist mir plötzlich vor die Füße gefallen. Und vorher nie. Nicht in meinem Lehramtsstudium, nicht in meinem Bachelor-Studium und auch nicht in meiner Ausbildung. Kognitive Dissonanz.

„Ich werde die kognitive Dissonanz im alten Jahr lassen", werfe ich meiner Freundin angriffslustig ins Gesicht. „Was ist das?", sie schaut mich fragend an. „Ach du, kennst du des gar ned?" Ich blicke sie leicht pikiert an.

„Also, pass aaf: Kognitive Dissonanz is es, kurz gsagt, wenn ma woaß, dass es den Klimawandel gibt, aber ma etz aa ned direkt wos dafür macht, dass er aafhört. Und dann gibt es eben eine Dissonanz, eine innerliche. Ma woaß, ma macht as Falsche. Und die Frage is natürlich, wia ma reagiert. I bin koa Psychologin, aber so wia i des verstanden hob, rechtfertigt ma ab do as eigene Verhalten – weil die Dissonanz oam ja klar is. Oder ma ändert as Verhalten. Des waarad natürlich optimal, weil dann waarad die Dissonanz weg. Des alles geht no mehr ins Detail … Is aa egal. Konn ma googeln.

Wos aber ned egal is: ‚Kognitive Dissonanz‘, des is letzten Endes alles, wos i im letzten Jahr falsch gmacht hob. Und im Jahr davor. Und seit i denka konn. Jedes Mal, wenn ich a Gspusi vor Angst, wir kanntn zammkemma, einfach fallen lassn hob, bloß weil Alter oder Job oder irgendwos ned zu dem passt ham, was i mir so vorstell für mei Lem.“

Meine Freundin schaut mich fragend an – sie versteht es nicht.

Gut, denke ich halt nach, ohne es ihr zu sagen. Es ist auch egal, ob ich ihr gerade zuhöre, sie erzählt von ihrem Urlaub und das interessiert mich nicht. Ich hänge also weiter meinem interessanten Gedanken nach. Ja, es stimmt. Wie oft habe ich Gefühle bereits vollkommen außer Acht gelassen, beziehungsweise gar nicht geschaut, ob es denn wirklich was werden könnte. Oder auch nur getestet, was es schon ist. Weil ich so beschäftigt war mit dem Erörtern, ob es rein äußerlich denn passen täte. So eine Beziehung musste bisher zu meiner Vorstellung passen. Zu dem, was ich weiß. Zu dem, was ich kenne. Glaubenssätze, Ego und Erwartungen – all dieser Schrott stand bisher immer meinem Interesse an einer Person im Weg. Außer bei meinem Mann. Aber auch da ein wenig. Ich bin irgendwie ziemlich unreif.

„Und da wunder ich mich, wenn beim Yoga wieder alle Chakren verstopft sind!", sagte ich aus Versehen laut. Meine Freundin sah mich etwas ungläubig an. Aber zum Glück ging es bei ihr gerade um fleischfreie Ernährung. Passte also irgendwie. Ich heuchelte Interesse und wartete, bis sie weitersprach. Stimmte schon – wie oft gehe ich in sündhaft teure Yogastunden, was weiß ich, drei Stunden für 55 Euro, und dehne mir mühevoll alle Normen und festen Vorstellungen die ich so in mir habe, aus den Sehnen?

Nach dem Hüftöffner ist vor dem Hüftöffner – und ich bin immer noch nicht echt offen, weil in mir eine zwiderne, verbitterte Alte haust.

Und wenn ich mich so selbst ertappe bei der Dissonanz, dann rechtfertige ich sie für mich die ganze Zeit. „Ja, ich weiß ja, dass öffentliche Verkehrsmittel viel besser wären, aber dann bin ich halt zwölf Stunden am Tag unterwegs!" Und das sage ich dann zu allen, die es hören wollen oder auch nicht. Und weiß in mir drin doch, dass es eine lausige Entschuldigung ist. Weil ich einfach sehr viele Leute kenne, die Zeit ihres Lebens gependelt sind. Und niemand ist daran gestorben. Es ist halt unbequemer. Um mal komplett ehrlich zu sein.

„Du hast a totales Goaßgschau", sagt meine Freundin kritisch, und ich fühle mich ertappt. Ein Goaßgschau – also der bayerische Blick ins Leere – ist halt doch immer ein ziemlich sicheres Zeichen, dass man dem oder der Gegenüber nicht zugehört hat.

„Ja, du woaßt ja, Goaßgschau is mei Yoga", sage ich zu ihr. Ich spüre minimal negative Schwingungen aus der Richtung meiner Freundin. Aber ich stelle mutig eine komplett entwaffnende Nachfrage, die nicht zeigen sollte, dass ich keine Ahnung hatte, worüber sie gesprochen hat. Immerhin wusste ich, dass es ein All-Inclusive-Urlaub in der Türkei war. „Aber, der Strand war super, oder?"

Treffer, versenkt. Meine Freundin erzählte wieder irgendwas. Und ich konnte in Ruhe weiterdenken. War das nicht auch kognitive Dissonanz? Wenn jemand, der Bambuszahnbürsten benutzt, mit Kind und Kegel billigst in die Türkei fliegt, weil die Kinder einfach mal Urlaub brauchen? Neulich hatte ich einen Artikel gelesen, dass nach einer EU-Studie die Menschheit ausstirbt, wenn wir den Klimawandel bis 2030 nicht in den Griff bekommen. Noch ein paar Jahre also. Sollte ich nicht vielleicht meine Kinder aus der Schule nehmen und mit ihnen einfach noch die beste Zeit unseres Lebens haben, bevor wir an einem Juli-Tag in unserem wüstenartigen Garten verbrennen? Oder bis wir von einer Schlammlawine erschlagen werden – oder gebrandschatzt von anderen Leuten, denen es noch schlechter geht?

Warum pflanzen wir uns eigentlich noch fort? Ein paar Jahre später und ich hätte keine leiblichen Kinder mehr bekommen wollen. Weil es eh genügend gibt, die leiden. Und weil genau in den Jahren, in denen ich schwanger war, die Probleme der Welt fast galoppierend angestiegen sind. Oder fühle ich das nur so, weil ich Kinder habe?

Und für was fahren eigentlich alle ihre Kinder noch montags zum Schwimmen, dienstags zum Basteln, mittwochs zum Englisch und donnerstags zum Sport – um dann am Wochenende drei befreundete Familien abzufahren oder einen Ausflug dorthin zu machen, wo halb Bayern auch Ausflüge macht? Die Einsamkeit genießen…

Was wollen wir bezwecken? Dass die Kinder früh gefördert und total überreizt Opfer einer sich immer weiter ins Armageddon wandelnden Welt werden? Und warum ist es eigentlich immer ok, wenn man sagt: „Ja, wir fliegen schon in Urlaub, weil wir leben ja sonst echt öko!" Aber es zählt halt alles auf einem Planeten, auf dem Müll bleibt und Ressourcen enden. Ich bemerkte, wie in meinem Kopf eine depressiv-grantige Gedankenspirale begann, aus der ich nicht mehr herauszukommen schien. Ist es denn okay, ein Buch zu schreiben?

Oder ist das auch nur wieder getötetes Holz, weil die letzten Seiten von Büchern eh niemand liest? Ist es okay, Kabarettistin zu sein, weil man da ständig rumfahren muss? Und – das ist mein Lieblingssatz: „Bringt das denn was, wenn wir uns anstrengen, weil in China bauen sie ja Flughäfen?!?" – Und aus meinem Kleinhirn spaziert noch eine Stimme mit einem Wurstbrot heraus und sagt: „Vergessts ma de Wirtschaft ned. De Wirtschaft, de kimmt unter d'Radl. Wir Deitschn kenna ned immer drunter leiden, bloß, dassma alles richtig macha!" Wow. Ich wusste nicht, dass in meinem Kleinhirn ein alter weißer Wurstbrot-Mann wohnte. „Aber ist es nicht wichtiger zu überleben, als eine geile Wirtschaft zu haben?" „Und wer zahlt dann die Karten für dein Kabarett?" In meinem Kopf entwickelte sich eine Schlägerei und mir wurde ziemlich schlecht. Ich war überzeugt, dass auch Dasitzen und Eisessen eine Unverschämtheit an der nächsten Generation war. Und ich vermisste plötzlich dringend meine Kinder. In Zeiten des Klimawandels sollte ich mich eigentlich gar nicht mehr von ihnen trennen. Die Zeit ist kostbar. Ich hoffe, sie haben noch ein gutes Leben.

Mein Kopf tut mir weh. Meine Stimmung ist am Boden. Ich schaue zu meiner Freundin. Oh, sie ist wohl gegangen. Ich bin mir immer noch nicht sicher, ob ich das alles richtig verstanden habe. Aber, wenn das wirklich so ist, sollte ich mir für das nächste Jahr nur eine einzige Sache mitnehmen – nämlich das Wissen um die kognitive Dissonanz. Und natürlich, was ich – und alle anderen Mit-Deppinnen auf dieser Welt – immer anstelle, um aus der Dissonanz möglichst gut und glimpflich rauszukommen. Und das schon im Kleinen: Ich winke die Frau vom Service heran und bestelle ein Weißbier. Gegen meinen Endzeitblues. Ja, ein Weißbier an einem Nachmittag und an einem Werktag, das bereue ich garantiert. Aber heute muss das sein. Und es schmeckt mir auf Stress immer so gut – und deswegen quatsche ich mich selbst jetzt einfach da raus. So fängt er an, der Alkoholismus. Das auch noch. Aber ist es nicht egal, wenn ich abhängig von etwas werde, jetzt, wo wir alle bald sterben müssen?

Ja, ich kann mich überall rausquatschen! Aber das ist jetzt vorbei! Ich nehme mir für die Zukunft – von mir aus für das Silvester in drei Monaten – Folgendes vor: Ich höre nicht fix auf zu fliegen, Fleisch zu essen oder beginne plötzlich mit transzendentaler Meditation. Nein. Ich lege mir jetzt einen innerlichen Sensor zu für kognitive Dissonanzen. Und wenn wieder eine daherkommt, dann suche ich mir die Definition noch mal raus, weil ich immer noch nicht sicher bin, ob ich das alles richtig verstanden habe. Und dann schaue ich mir das an: Rede ich mich raus aus dem Thema? Beschwichtige ich? Wenn ja, wen? Kürze ich was weg, was mir guttun würde?

Mein Weißbier kommt und ich nehme einen Schluck.

Ja, dieser Schluck geht direkt runter zu meiner Seele. Wo ist eigentlich meine Seele genau im Körper? Auf jeden Fall in der Nähe der Leber.

Der Tisch wackelt und ich erschrecke. Meine Freundin ist wieder da. „Du warst geistig so abwesend, i bin schnell zum DM gegangen, hast du eh gar nicht gemerkt! Oh, Alkohol am Nachmittag? Was is los?"

Ich rufe ihr meine Gedanken – vielleicht etwas zu laut – entgegen: „I hab Angst um unser Leben, i mach mir Sorgen um meine Kinder und i finds nicht richtig, dass du ständig in Urlaub fliegst! Für mi bist du a hedonistische Umweltsau!" Meine Freundin hebt eine Augenbraue. Die Heftigkeit meines Ausbruchs nach dem vielen Goaßgschau überrascht sie scheinbar.

„Aber i woaß, dass i bei mir anfangen mua, deswegen geh i jetzt allen kognitiven Dissonanzen nach. Wenn ich auch nur einen Hauch von Zweifel daran habe, dass ich gerade das Richtige tue, dann wird radikal nachgedacht! Weil, das alles mit der Dissonanz jetzt amal so durchschaut zu haben und im nächsten Jahr wieder bloß Schmarrn zu machen, das wäre ja die größte kognitive Dissonanz überhaupt!"

Meine Freundin schaut mich an, wie man Wahnsinnige gerne mal anschaut. So mit einem Funken Mitleid. „Und das ist jetzt das grandiose Ergebnis von deinem Goaßgschau?" Ich nicke. „Eva, dann tät ich aber erstens wirklich nochmal genau nachlesen, was kognitive Dissonanz überhaupt bedeutet und würde mir zuallererst das Goaßgschau abgewöhnen. Weil, wenn Goaßgschau wirklich dein Yoga ist und das dabei rausgekommen ist, dann möchte ich dich ohne Yoga gar nicht erleben. Du wirkst grad eher, als wäre Goaßgschau der Ausdruck eines innerlichen Nervenzusammenbruchs!"

Ich schaue sie an. Lange. „Es ist einfach alles so scheiße!"

„Ich weiß", sagt meine Freundin. Legt ihre Hand auf meine. Und bestellt sich auch ein Weißbier. Weil wir – im neuen wie im alten Jahr – zwei Frauen sind, die auch nur das Beste wollen. Ob wir jetzt in Urlaub fliegen oder nicht.

Lach doch mal

Wir wissen es – jede und jeder von uns kann etwas hervorragend gut. Meine Tochter kann beispielsweise sehr gut tanzen. Mein Sohn kocht, seit er sich an der Küche hochziehen konnte, und mein Papa hat immer gute Ratschläge parat.

Ich habe hingegen lange gemeint, dass ich eher so das mittlere, nichtssagende Kind bin. Ein Kind ohne besondere Eigenschaften. Nicht sehr auffällig. Freilich, meine Aufsätze wurden immer vorgelesen, aber im Abitur hat es bei mir im Leistungskurs Deutsch trotzdem nur für einen guten Zweier gereicht. Weil ich Rechtschreibfehler in meinem Aufsatz hatte, dass der sprichwörtliche Rauch davonging. Mir war das nicht genug. „Wie kann man nur etwas so gerne und gleichzeitig so ungenügend machen?", fragte ich oft.

Es muss doch irgendetwas geben, was ich so gut kann, dass ich alle mit Leichtigkeit ausstechen kann. Was habe ich mich nicht gestresst, als ich das auch im Studium und in der Ausbildung nicht gefunden habe. Also diese eine Sache, die ich super kann. Immer war ich nur schlecht, mittel oder im oberen Drittel.

Natürlich war ich relativ schnell neidisch auf alle anderen, obwohl ich nicht so ein neidischer Mensch bin. Aber es war zu erdrückend: Alle hatten da ihre Felder, in denen sie brilliert haben. Was habe ich nicht innerlich die Augen verdreht, wenn meine Cousine gelobt wurde, weil ihre Kuchen und Plätzchen wieder mal die allerbesten waren, und mein trockener Schokokuchen mit der Konsistenz eines Ameisenhaufens stand unbeachtet daneben. Oder wenn meine Kollegin auch den hinterletzten Rechtschreibfehler in einem Text gefunden hat, während ich dreimal darübergelesen habe.

Was habe ich nicht Bücher gelesen, neue Hobbies angefangen und neue Jobs. Immer auf der Suche nach dieser einen Sache, die ich so gut kann wie keine andere Frau. Und irgendwann, als ich das erste Mal auf einer Kabarettbühne gestanden bin, kommt nach dem Auftritt eine Freundin zu mir her und sagt: „Eva, es war wunderbar. Du kannst einfach so bled schaua wia niemand sunst!"

Ich war verwirrt. Tja, das wusste ich jetzt auch nicht so genau, ob ich mich jetzt komplimentiert oder etwas angegriffen fühlen sollte. Ich war subtil angegrantelt. Eher so aus einer Verwirrung heraus. Und ich war mir kurz nicht sicher, soll ich mich jetzt über das alles freuen oder mich in einen wütenden Grant hineinfallen lassen? Ich war die ganze Nacht unschlüssig und wälzte mich. Morgens, als die Kinder in Schule und Kindergarten waren, rief ich meine Mama an. Zunächst entlud sich meine Empörung über das seltsame Kompliment zehn Minuten in einem Monolog. Irgendwann räusperte sich meine Mutter und schlug diesen etwas trockenen Ton an, den sie immer nutzt, wenn sie mir eine traurige Wahrheit unterbreiten muss. Das letzte Mal hatte sie den Ton verwendet, als ihr meine Brille nicht gefiel. „Eva, du schaust wirklich gscheit bled. Du host so oft a Goaßgschau. Und du merkst des ned. Seit 37 Jahr!" Ich beendete das Gespräch schnell und beschloss, der Sache flott auf den Grund zu gehen. Ich durchforstete die Super-8-Filme und die Fotos, die von mir seit meiner Geburt existierten. Und ja. Sie hatten beide recht: Ich schaue wirklich meist ausgesprochen dumm. Ich verfüge quasi über ein natürliches Goaßgschau – so eine Art dauerhafter Blick ins Unendliche – und das ist wirklich scheinbar die Sache, die ich am besten kann: Blöd und leicht angewidert oder gelangweilt schauen. Immer ein wenig abwesend. Jetzt erklärte sich für mich auch der Moment, als einmal in meiner Jugend eine Klassenkameradin meiner Cousine mir ein Drogenproblem unterstellte, weil ich immer so „bekiffte Augen" hätte. Ich schaute tatsächlich immer ein wenig abwesend. Geistig und gefühlt auch körperlich. Immer latent grantig. Ich schaue letzten Endes so, dass man sich als Zuschauerin denkt: „Nein, da möchte ich kein zweites Mal hinschauen."

Und seit dieser Erkenntnis, dass das dumme Schauen zu mir gehört wie mein Name an der Tür, bin ich nun wahnsinnig empfindlich, wenn mich Menschen – es sind hauptsächlich Männer – dazu auffordern, mal zu lachen. Ich meine, abgesehen davon, dass man halt gerne mal so schaut, wie man schaut – und dass dazu auch jede ein Recht hat. Was soll denn diese Aufforderung bitte bewirken? Warum sagen denn – hauptsächlich Männer – so oft zu Frauen: „Geh, lacht halt mal. Schau doch ned so wüld. Du wärst viel hübscher, wennst lachen tätst!" Für wen soll sich denn die Frau schön machen? Und warum ist man hübscher, wenn man freundlich schaut? Models auf dem Laufsteg in Paris schauen ja auch, als wäre ihnen gerade die Ko-kain-Linie in die Kloschüssel gefallen. Und gelten trotzdem als wahn-sinnig schön.

Und außerdem: Wenn die Anwesenheit des betreffenden Mannes die Frau so glücklich machen würde, dass alle Probleme wie wegge-blasen wären, dann würde sie ja vermutlich gerade lachen. Aber sie macht es nicht. Also, warum soll dann bitte der Satz „Lach doch mal!" da so viel daran ändern?

Wenn man eine Frau sieht, die gerade dumm oder unfreundlich oder grantig oder nachdenklich schaut, dann lässt man die einfach, weil sie vielleicht gerade hundemüde ist, eine Pause macht oder Be-ckenbodengymnastik. Lasst die Frau doch einfach mal blöd schauen! Und lasst sie in Ruhe. Und wenn euch das Gesicht nicht gefällt und euch euren so wertvollen Tag vermiest, dann schaut doch einfach weg.

Seit ich weiß, dass ich hervorragend dumm schauen kann, fällt mir überhaupt erst auf, wie oft mir empfohlen wird, dass ich lächeln soll. Sogar im Lockdown bei Zoom-Konferenzen ist es mir passiert, dass Leute zu mir sagen: „Lach doch mal. Was schaust du denn so spar-sam?"

Und ich habe mir jetzt auch lange überlegt, was ich auf den Satz in Zukunft antworten soll. Ich wollte grob sowas sagen wie: „I schau gern bled, weil is konn!" Oder auch: „Du, des is a freies Land, wenn i dumm schaua will, dann mach i des!"

Aber richtig gut war keine Antwort. Vor allem, weil ich ja immer auf den Schlag so unfassbar grantig werde, wenn mir jemand das Lächeln empfiehlt, dass auch jede Antwort viel zu scharf und böse rauskommt. Und ich will ja auch dem, der mich da so blöd anredet, nicht zeigen, wie viel es mir eigentlich ausmacht. Und dass ich, wenn ich könnte, am liebsten sein Gesicht zerkratzen würde und ihm so richtig eine betonieren. Aber es ist ja ratsam, auch eher nicht körperlich gewalttätig zu werden, wenn man nicht angezeigt werden oder ein schlechtes Karma haben will.

Ich bin einfach verbal nicht schlagfertig; körperlich wäre ich es aus dem Reflex zwar sofort, aber das schickt sich nicht. Daher habe ich mich, weil ich das mit dem galant, gewandt, witzig und enttarnend Antworten nicht kann, dazu entschlossen, mich auf meine Stärken zu konzentrieren. In diesem Moment der Not und Wut. Zur Antwort mache ich das, was ich richtig gut kann, und zwar besser als alle: Ich schaue dumm – und zwar sehr. Und die Person, die mir empfiehlt zu lächeln, die bekommt von diesem 24-Karat-Goaßgschau keinen, aber auch wirklich gar keinen Blick ab.

Weil mein perfektes blödes Gschau, das muss man sich erst verdienen.

Mannlos

Jetzt wo ich getrennt bin, habe ich kaum mehr Probleme. Mei, gut – freilich. Die Nachbarn werfen mir jetzt vermehrt Schnecken über den Zaun abends, weil sie denken, dass ich es nicht so merken täte, da ja kein Herr mehr im Haus ist. Dabei täuschen sie sich natürlich gewal-

178

tig, weil mein Mann hatte so wenig mit dem Garten am Hut, der hätte es nicht mal bemerkt, wenn uns jemand Elefanten über den Gartenzaun geworfen hätte.

Wer sich allerdings ziemlich für den Garten interessiert, das ist mein Sohn. Abends gehen wir zusammen – ich weiß, das ist eine umstrittene Praktik – oft durch den Garten und salzen die Schnecken ein, die uns die Nachbarin über den Zaun geworfen hat. Für uns hat das leise Zischen, das entsteht, wenn das Salz auf die Schnecke trifft, etwas sehr Kontemplatives und wir können dabei wunderbar entspannen. Meine Tochter ist Tierschützerin und sitzt immer beleidigt auf der Terrasse. Ab und zu ruft sie uns zu, dass wir schreckliche Mörder wären, denen nichts heilig sei, und dass wir sicherlich in unserem nächsten Leben als Schnecken auf die Welt kommen werden.

Mein Sohn und ich können das gut ignorieren. Es ist ja eh so, dass wir als Familie in letzter Zeit viel ignorieren müssen. Die Blicke, die ich bekomme, wenn ich mir die heilige Kommunion hole – jetzt, nach der Scheidung –, die sind oft so schmerzhaft, dass ich mir sicher bin, dass sie Brandblasen auf meiner Haut hinterlassen. Und auch, dass manche Frauen beim Spaziergang ihre Männer an den Ärmeln auf die Seite ziehen, wenn ich mit meiner zerrissenen Short an ihnen vorbeigehe, das finde ich sogar in Pandemiezeiten übertrieben. Aber ich sehe es nicht offiziell. Ich versuche es nicht wahrzunehmen, weil es mich natürlich nur unfassbar erzürnen würde, wenn ich es wahrnehmen tät. Vor allem, weil ich zu den Frauen zähle, die nach so einer Scheidung hauptsächlich froh sind, dass der Mann weg ist. Was würde ich denn jetzt mit so einem Second-Hand-Objekt wollen? Wenn ich Pech habe, dann schnarcht er, verliert Haare und hat irgendein saunerviges Hobby, das ich dann mitmachen muss. Sowas wie Radlfahren. Und ich sehe mich dann schon total enttäuscht vom Leben auf einem Rennradl hängen, mit einem Mann, der seit der Meniskus-OP nicht mehr Fußball spielen darf und der mir dann immer zuschreit, dass ich gleichmäßiger fahren muss.

Ganz ehrlich: Dafür ist mir mein Leben zu schade. Natürlich birgt das mannlose Dasein auch andere Aspekte. Ich kann zum Beispiel ohne Mann sehr gut schrottige Reality-Shows oder Schnulzen im Schlafanzug anschauen, wenn die Kinder beim Papa sind. Ich habe Gefallen daran gefunden, meinen Rasen zu mähen – obwohl ihn mein Papa oft nachmäht, weil ich es nicht ordentlich genug zu machen scheine. Bis auf die getöteten Schnecken in unserem Garten sind wir außerdem ein sehr tierlieber Haushalt geworden, wir haben jetzt Hühner und wir essen kaum mehr Fleisch.

Aber klar – bei allen Vorteilen –, manchmal fehlt mir ohne zweiten Erwachsenen die Ansprache. Und das, obwohl man bei uns in der Oberpfalz ja eigentlich eher wortkarg ist. Mein Opa hat von den 78 Jahren, die er gelebt hat, bestimmt 55 Jahre bloß „Öha", „Ja mei" und „Wos" gesagt. Das hat auch gereicht. Aber es war halt nicht so ganz einsam für meine Oma, wenn sie von der Schmiede rüber, in der mein Opa Meister war, ab und zu ein „Öha" gehört hat.

Dass größere sprachliche Ergüsse bei uns nicht goutiert werden, das merkt man schon daran, dass „Schwodara" und „Schmatza" – also Menschen mit erhöhtem Redebedarf – bei uns als schlimme Schimpfwörter benutzt werden. Ich bin mir sicher, dass anderswo Leute für erhöhten Sprechbedarf sogar gelobt werden. Aber bei uns eben nicht. „Red ned so vüll!" war eine ganz normale Empfehlung, die ich in meiner Kindheit häufig von Erwachsenen bekommen habe. Oder auch das eher imperative „Bi stad!". Ruhe, Ruhe geben und „a Rua hom" sind in Bayern seit jeher Attribute, die Glückseligkeit versprechen. Mit diesem kulturellen inneren Loblied der Ruhe wächst man auf. Die „Rua" als Gegenstück der „Gaudi". Und dass die Gaudi in Bayern nicht immer und zu jeder Zeit erwünscht ist, das merkt man daran, dass sie sowohl positiv als auch negativ konnotiert sein kann. „A so a Gaudi" kann sowohl juchzend auf einer super Feier ausgerufen werden als auch saugrantig um 2 Uhr morgens aus dem Fenster in Richtung einer Gruppe randalierender Jugendlicher. Ruhe ist da anders. Die Ruhe, da sind sich alle einig in Bayern, die braucht man einfach. Und wenn jemand geht und seine Ruhe haben will, dann braucht es auch nicht mehr Grund und Fragen nach dem „warum?". Es ist akzeptiert. Jemand will Ruhe, man möge sie ihm geben.

Wenn ich meinem Papa früher einen Freund vorgestellt habe, dann habe ich immer gehofft, dass er nicht zu viel spricht. Weil ich immer wusste: Der Kerl konnte noch so ein Depp sein, aber wenn er es verstand im richtigen Moment still zu sein, dann mochte ihn mein Papa. Und der richtige Moment dehnte sich oft auf 90 Prozent des Abendessens aus. Denn ein gutes erstes Abendessen mit einem neuen Freund schaut so aus: Er fragt, wo er sitzen darf, er nimmt sich reichlich, er lobt das Essen und er beantwortet die wichtigen drei Fragen meines Vaters: Was machen deine Eltern? Was machst du? Wie stellst du dir deine Zukunft vor? Ansonsten hatte der Freund eigentlich ein Schweigegelübde am Tisch.

Einmal war ich mit einem Mittelfranken zusammen – es war für mich eine emotional höchst verwirrende Zeit und bis heute weiß ich nicht, wie es dazu kommen konnte – und als der dann am Tisch nur noch gesprochen hat, wurde mir vom bohrenden Blick meines Vaters fast schlecht. Seine Augen sagten deutlich: „Der Schwodara is nix für di!" Wir waren zwei Monate später bereits wieder getrennt. Der Kommentar meines Papas war daraufhin, dass er mir ja gesagt habe, dass das nichts werde. Ja, jetzt wird sich die aufmerksame Leserin fragen, wie er es mir denn gesagt hätte, immerhin hat er mich ja nur angeschaut. Aber so hat er es mir eben gesagt. Oberpfälzerinnen und Oberpfälzer sagen durch Blicke und gehobene Augenbrauen oft mehr als andere Leute mit 1000 Worten.

Mein Papa schafft es, dass er über weite Strecken des Tages nur über seine Augenbrauen kommuniziert. Das war jetzt auch in der Pandemie ziemlich super, weil durch die Masken der Fokus noch viel mehr auf den Augenbrauen war – und mein Papa in Supermärkten fast geschwätzig wirkte. Für jemanden, der alle Emotionen und Gedanken über die Augenbrauen transportiert, waren die letzten Monate wirklich golden. Und auch mir, als Tochter eines verschwiegenen Oberpfälzers, sagten die Blicke meiner Mitmenschen oft noch mehr als in der Zeit vor den Masken, als ich noch von der Mundpartie abgelenkt war.

An meinem Ex-Mann hat es mir auch immer sehr gut gefallen, dass er recht schweigsam war und ausdrucksstarke Augenbrauen hatte. Ich würde nicht einmal sagen, dass das so eine Ödipus-Geschichte war, sondern ich vermute eher, dass es eine gewisse kulturelle Verwandtschaft gab, die mich da so stark angezogen hat. Ich konnte ihn lesen. Also zumindest in der ersten Zeit, in der wir uns noch oft und gerne gesehen haben. Später war er immer seltener zu Hause und wenn, hatte er todsicher sein I-Pad vor dem Gesicht oder saß sehr lange am Klo. Durch die Wand des Klos konnte ich natürlich seine Augenbrauen nicht sehen. Kein Wunder, dass ich ihn immer weniger verstanden habe.

Selbst bei Ausflügen war es für mich schwierig, ihn zu lesen, weil er im Freien immer eine Sonnenbrille trug, weil wir Südoberpfälzer durch den ständigen Nebel so lichtempfindlich sind.

Natürlich, im Lockdown, da war er dann viel daheim. Auf einen Schlag. Aber natürlich musste er sehr viel von zu Hause arbeiten und mir fiel bald auf, dass er immer sehr laut gezoomt hat. „So – jaaaaa, i hör euch. Natalie, du musst dein Mikro anschalten!!" Ja, das war laut. Ganz laut. Das ging mir natürlich unfassbar auf die Nerven, weil es in gewisser Weise meine gewohnte Ruhe störte. Und die war mir heilig. Tagelang, wochenlang bin ich mit hochgezogenen Augenbrauen am Arbeitszimmer vorbeigegangen, in dem arbeitstechnisch rumgebrüllt wurde. Nichts. Kein Effekt. Durch die geschlossene Tür konnte er meine Augenbrauen scheinbar nicht lesen.

Irgendwann fiel mir dann auf, dass ich seit einiger Zeit meine Ruhe hatte. Das kam mir dann doch komisch vor. Ich ging vor die Arbeitszimmertüre. Nichts. Und wieder bin ich den ganzen Tag mit hochgezogenen Augenbrauen an der Arbeitszimmertüre vorbeigegangen. Diese Ruhe – sie kam mir verdächtig vor. Abends stellte ich fest, dass mein Mann ausgezogen ist. Also nicht entkleidet, sondern einfach weg. Ich versuchte mich zu erinnern, wann ich ihn das letzte Mal gesehen hatte. Schwierig. Da jeder Tag im Lockdown fast gleich abgelaufen ist, konnte ich es wirklich nicht sagen. Auch die Kinder taten sich schwer. Vermutlich dachten wir alle drei immer, dass er im Büro sitzen würde, oder halt am Klo. Wir hatten einfach seine Spur verloren. Irgendwann stellte sich heraus, dass er anscheinend schon vor einiger Zeit ausgezogen sein musste. „Bestimmt scho a boa Wochen!", überlegte mein Sohn. Und es war uns allen sehr unangenehm. Und ich war natürlich grantig, dass der mich jetzt da so einfach alleine zurücklässt. Mit den Kindern. Mitten am Dorf und unbemannt.

Aber auch hier erkennt man wieder, wie wenig es mir doch ausmacht, wenn es ruhig ist. Gut, meine Mama meinte, dass ich besser hätte kommunizieren können. Versöhnlicher. Mit mehr Worten. Nicht so wortkarg sein mit der Familie, das wäre wichtig, meinte sie. Weil das wortkarge Wesen dann doch immer passiv-aggressiv rüberkommen würde. „Aber Mama, was hätt i na macha solln? Mi dauernd beschweren, dass er zu laut zoomt? Da warad er doch a ausgezogen!"

Mir war klar, dass mit mir als Frau in Scheidung mit zwei Kindern, mitten in der Pandemie, natürlich jetzt erst recht niemand mehr würde reden wollen, aber ich suchte den Kontakt. Die Kinder und ich setzten uns Masken auf und setzten uns drei Stunden im Februar bei zwei Grad und Nieselregen auf den Dorfplatz. Nichts. Ein älterer Audi ist mal recht schnell vorbeigefahren – aber das war das einzige Highlight. Gut, eine ältere Frau aus der 50er-Jahre-Siedlung ging an uns vorbei, weil sie anscheinend auf den Friedhof wollte. Als mein Sohn ihr von Weitem zuwinkte, wechselte sie aber die Straßenseite. Die Kinder fanden die Idee, Freundinnen auf dem Dorfplatz zu finden und mitten in der Pandemie anzufangen zu socializen, gar nicht so nachvollziehbar und beschwerten sich in einer Tour. Ich gab auf und wir gingen heim.

Nach diesem ernsthaften Versuch neue Freunde zu finden, gab ich es auf. Ich beschloss, mich mit dem Alleinsein anzufreunden. Die Kinder begannen regelmäßig den Papa zu besuchen – nachdem wir ihn gefunden hatten –, und ich setzte mich in der Zeit daheim hin und arbeitete etwas. Alleine. Ich trank keinen Alkohol alleine, lud niemanden ein und trug den ganzen Tag Schlafanzug. Es war ziemlich erbärmlich.

Als der Frühling kam, spürte ich eine gewisse Lockerung. Und mit längeren Aufenthalten im Freien auch eine klitzekleine Beobachtung. Es wurde im Dorfleben wohl etwas interessanter, wer bei mir so zu Besuch kam. Immerhin war ich ja mannlos. Es wurde halt geschaut. Rein informativ. „Warum steht da a Auto mit Schwandorfer Kennzeichen? Hat der Bua an lackierten Zehanagel? Und warum liegt in der ihram Garten koa Rindenmulch?" Das haben sie mir gesagt, die Augenbrauen der Kirchgängerinnen, Spaziergängerinnen mit und ohne Hund und sogar die unserer Briefträgerin. Könnte ja auch alles ein Hinweis darauf sein, warum mich mein Mann verlassen hat und wie es jetzt weitergehen könnte. In meiner persönlichen Liebesschnulze. Aber mir war die Liebe leider egal. Ich war zufrieden mit meinen Kindern im Garten und aus. Und auch hier spürte ich die Augenbrauen. Weil es ja auch spannend war, ob ich das – als alleine gelassene Frau – so schaffe mit den Kindern. Ich entnahm manchen Augenbrauen sogar, dass sich eigentlich alle sicher waren, dass ich jetzt wahlweise überfordert bin und/oder, weil mannlos, auf der Suche nach einem neuen Mann die Kinder vernachlässigen würde.

Die Augenbrauen einer Mutter im Kindergarten sagten mir sogar, dass sie mich für selbst schuld an der Situation hält, und dass ich schon noch sehen werde, wie weit ich mit meinen unerzogenen Kindern noch kommen werde. Ich zischte ihr mit meinen Augenbrauen zurück, dass sie sich gefälligst um ihren ständig betrunkenen Deppen daheim kümmern und mich in Ruhe lassen soll.

Und bei mir lief erst mal alles gut.

Bis neulich. Da ist mein Sohn heimgekommen und hat gesagt, dass die Lucia in seinen Augen nicht die hellste Kerze auf dem Kuchen wäre. „De Lucia is bled, so saubled!" Ich hob die Augenbraue. „De is bled, Mama, de is so a richtigs Scheißhaus für mi! Und i hob ihr des amal gsagt!" „Aber geh, du kannst doch nicht sagen, dass die Lucia a Scheißhaus is. Bua, i bin alleinerziehend! Jetzt denken doch alle wieder, dass i ned fähig bin euch allein großzuziehen! Und überhaupt: Das sagt man nicht, Scheißhaus! Des heißt Klo oder WC oder Toilette! Aber ned Scheißhaus. Wo samma denn? Sackl Zement nochmal!"

Dann sagt er: „Etz reg di halt ned aso af. Des mim Scheißhaus war ja bloß a Beispül!" „Aber das ist doch der Mama von der Lucia Wurst, ob du zu dem Kind gsagt hast: Du bist so bled wia zum Beispiel a Scheißhaus. Oder: Du bist für mi a Scheißhaus, Lucia! Für die zählt nur, dass i als mannlose Mama eich ned im Griff hab! Denk halt mit!", fuhr ich den überraschten Fünfjährigen an. Und freilich. Es ist im Schnitt viel verlangt, von einem Buben seines Alters an die Dorf-Reputation seiner Mama zu denken, aber meine Wut überlappte diesen naheliegenden Gedanken ungünstig.

Probleme lassen sich nicht so gut wegsalzen wie Schnecken.

Gut, als die Wut etwas verraucht war, dachte ich mir, dass „Scheißhaus" immerhin eine genderneutrale Beschimpfung sei. Das hätte ja noch ganz anders ausgehen können. Aber es war mir wahnsinnig unangenehm. Ich dachte wieder an meine Mama und ihren Ratschlag, versöhnlicher zu sein und besser zu kommunizieren, und so schrieb ich der Mama von der Lucia eine Nachricht: „Mein Sohn lässt der Lucia ausrichten, dass sie natürlich kein Scheißhaus ist. Das tut ihm leid. – Also gscheit. Und Sie können sich a gar nicht vorstellen, wie unangenehm mir das mit der Lucia und dem Scheißhaus ist! Es hätte wirklich gereicht, wenn er gesagt hätte, dass sie blöd ist. Scheißhaus ist kein Ausdruck, den er von daheim kennt. Eventuell hat er den aufgeschnappt."

Als das erledigt war, habe ich mir einen Kaffee gemacht und zu meinem Buben nur kurz gesagt: „Du, etz hob i der Lucia ihrana Mama gschriem und gsagt, dass dir des mit dem Scheißhaus leid duad!" Leider flippte dann mein Sohn unerwartet aus: „Mama, des war doch bloß a Beispül. I hob des doch ned zu dera gsagt!" „Und wos host dann gsagt?" „Ja nix – i hobs halt ogschaut und es ihr stumm mitgeteilt – über die Augenbrauen!"

Die Mama von der Lucia hat mir überraschenderweise nie zurückgeschrieben. Neulich habe ich sie im Netto getroffen – beide hatten wir unsere Masken auf –, aber ich habe sie durch den Stoff sehr laut gegrüßt. Ich wollte ihr zeigen, dass alles ok war. Leider kam nichts zurück. Ihre Augenbrauen haben mir ganz deutlich gezeigt, dass sie denkt, nun ja, dass ich ein Scheißhaus bin.

Ich beschloss das mit der Kommunikation jetzt zu lassen. Ich als Oberpfälzerin kann das einfach nicht so gut. Ich bin schon ruhig. Ist uns eh lieber. Mein Sohn war dann auch eine Zeit beleidigt und hat im Haushalt den Kontakt zu mir vermieden. Er hat sich angewöhnt, sehr lange am Klo zu sitzen. „So mannlos sind wir eigentlich gar nicht", denke ich mir jedes Mal, wenn er seinen geliebten Ort der Einkehr wieder etwas länger blockiert, der kleine Mann. Und vielleicht war – so gesehen – „Scheißhaus" ja auch eigentlich ein Kompliment. Immerhin scheint er nirgends mehr Ruhe zu finden als dort. Und Ruhe, das ist ja das höchste Gut.

Nachwort

Das Buch „Der Weibliche Grant" von der hochgeschätzten Kollegin Eva Karl Faltermeier habe ich mit großer Freude gelesen. Freilich war ich zuerst a bisserl skeptisch bei diesem Titel. Aber das Interesse war schon nach wenigen Zeilen so groß, dass ich nicht mehr aufhören konnte weiterzulesen.

Der treffsichere Humor, der dich während dem Lesen der manchmal auch sehr ernsten Begebenheiten stets zum Lachen bringt, hat mich begeistert. Eva Karl Faltermeier ist in ihrem Element, auf der Bühne, aber auch beim geschriebenen Wort, das merkt man schnell. Sie hat ihre Berufung gefunden und versteht es, sowohl unbelehrbare Boomer, aber auch junge Hupfer wie mich zum Nachdenken zu bringen. Wer seinen Weg im Leben noch nicht gefunden hat, der kann sich hier was abschauen.

Persönlich hab ich auch so einiges gelernt. Ich weiß jetzt besser über Menstruation Bescheid und das ist gut so. Für eine Besserung des Verhältnisses unter den Geschlechtern sollte man einfach wissen, was den anderen Menschen bedrückt, welche Sorgen er hat, welche Fragen man stellen sollte und vor allem wann man(n) besser mal die Klappe hält. All das konnte ich in diesem Buch lernen.

Privat versuche ich schon seit Jahren mehr oder weniger erfolgreich, ein moderner Mann zu sein, damit auch meine Frau eine moderne Frau sein kann. Mindestens die Hälfte der Care-Arbeit zu übernehmen ist für mich eigentlich selbstverständlich. Bisher habe ich beim Thema Wäschewaschen meine Frau allerdings schmerzlich im Stich gelassen. Nach dem Lesen dieses Buchs habe ich noch am selben Tag beschlossen, diesen Missstand zu beenden, und dies auch sofort in die Tat umgesetzt. Das hat diese Lektüre bei mir persönlich bewirkt und ich bin froh darüber. Meine Frau findet das übrigens auch spitze!

Dieses Buch kann man bedenkenlos jedem Menschen schenken, den man gerne mag. Es wäre jammerschade, wenn diesem gelungenen Erstlingswerk keine weiteren lehrreichen Schriften folgen würden. Aber wenn ich an eines glaube, dann an die Fortsetzung der öffentlichen Reibung von Eva Karl Faltermeier mit dieser Welt.

Sie wird in der Zukunft als Rebellin noch viele Kämpfe austragen müssen und ich hoffe schwer, dass wir diese dann auch wieder in Büchern nachlesen können.

Helmut A. Binser

Danke

Fanni, Sevi, Mama und Papa, Christa, Gerda, meinen Brudis mit Familien, Andi, Valentina, Franzi, Konsti, Binsi, Kristina, Antonia, Sibylle, Jutta, Maria, Lena Kunstmann, Lena Kupke, Jana, Homegirl Ändi P., Linda, Flo Hammerich, Tereser, Carokatze und KatzCaro, Shake, Susi Engl, Sebastian, Topi, Siggi, Trang, meinem Mädl X-Tina, Olli, Lexi, Clodi, Susi Raith, Gerd, Sandra, Helmuth und Gitta, Till, Ingo, Hannes, Andrea, @Giuliere, Wolfgang Brun, der Wattrundn, Raphaela, Bayern2 Notizbuch, SüdOst Verlag, Gasthaus Weigert Lehen, allen anderen Freundinnen und Familienmitgliedern, die in der Schreibzeit sehr geduldig mit mir waren und mir bis hier geholfen und/oder an mich geglaubt haben.

Eva Karl Faltermeier liest …

… ausgewählte Kapitel aus ihrem Buch, wie z. B. die zarte Einführung in den weiblichen Grant, Zusammenhänge zwischen Grant und Körper, Grant und Gesellschaft sowie Grant und Mann.

Spieldauer: 67 Minuten
ISBN 978-3-95587-785-9
14,90 €

battenberg Heimat **Battenberg Gietl Verlag GmbH**
gietl verlag   Postfach 166 · 93122 Regenstauf ·Tel. 0 94 02 / 93 37-0
E-Mail: bestellung@battenberg-gietl.de · www.battenberg-gietl.de

*Erhältlich im
Buchhandel oder
direkt beim Verlag.*

Das könnte Sie auch interessieren:

Toni Lauerer:
Gestern beim Unterwirt
ISBN 978-3-86646-390-5
14,90 €

Hörbuch/Audio-CD:
ISBN 978-3-86646-391-2
14,90 €

Michael Altinger:
Rampensau ohne Bühne
ISBN 978-3-95587-723-1
14,90 €

Hörbuch/Audio-CD:
ISBN 978-3-95587-788-0
14,90 €

Helmut A. Binser:
Wieder Dahoam
Von einem, der wegzog und wieder heimfand
1. Auflage 2016, 144 Seiten, Hardcover
ISBN 978-3-86646-777-4
14,90 €

Norbert Neugirg:
Tusch eineinhalbmal
3. Auflage 2020, 176 Seiten,
Hardcover
ISBN 978-395587-030-0
16,95 €

battenberg Heimat
gietl verlag

Battenberg Gietl Verlag GmbH
Postfach 166 · 93122 Regenstauf · Tel. 0 94 02 / 93 37-0
E-Mail: bestellung@battenberg-gietl.de · www.battenberg-gietl.de

*Erhältlich im
Buchhandel oder
direkt beim Verlag.*